2024年度版

JN023405

金融業務 **2** 級

法務コース

試験問題集

一般社団法人 金融財政事情研究会

◇ はじめに ◇

　本書は、金融業務能力検定「金融業務2級　法務コース」受験者の学習の利便を図るためにまとめた試験問題集です。

　本書は6章からなり、テーマ別に分類・収録した各問題を解いていくことにより、基礎知識から実務応用力までを養成することができるように配慮しました。

　金融業務を遂行するうえで、金融法務知識の修得が不可欠であることはいうまでもありません。とりわけ「金融業務2級　法務コース」の受験対象となる中堅行職員や管理者の皆様には、日常業務において、問題が発生した際にどう対処すべきかといった判断を要する、より難易度の高い業務にも対応できる能力の養成が期待されています。したがって、本書では、断片的な知識のみを問う出題は極力避け、応用力・判断力を身に付けることに重点を置いた問題を豊富に掲載しています。

　ただし、本書は出題範囲のすべてを網羅しているわけではありませんので、本書に加えて、基本教材である通信教育講座「3カ月マスター法務コース」（一般社団法人金融財政事情研究会）に取り組むことをお勧めします。

　本書を有効に活用して、ぜひとも金融業務能力検定「金融業務2級法務コース」に合格されることを期待しています。

2024年3月

一般社団法人　金融財政事情研究会

検定センター

◇◇目　次◇◇

第2章　手形・小切手、電子交換制度、電子記録債権等

第3章　内国為替、付随業務、有価証券関連業務等

第4章　融資Ⅰ（実行、管理、回収等）

第6章　総合問題

───〈法令基準日〉───

本書は、問題文に特に指示のない限り、2024年4月1日（基準日）現在施行の法令等に基づいて編集しています。

◇**CBT とは**◇

　CBT（Computer-Based Testing）とは、コンピュータを使用して実施する試験の総称で、パソコンに表示された試験問題にマウスやキーボードを使って解答します。金融業務能力検定は、一般社団法人金融財政事情研究会が、株式会社シー・ビー・ティ・ソリューションズの試験システムを利用して実施する試験です。CBT は、受験日時・テストセンター（受験会場）を受験者自らが指定できるとともに、試験終了後、その場で試験結果（合否）を知ることができるなどの特長があります。

本書に訂正等がある場合には、下記ウェブサイトに掲載いたします。
https://www.kinzai.jp/seigo/

〈凡　例〉

- ・犯罪収益移転防止法…犯罪による収益の移転防止に関する法律
- ・振り込め詐欺救済法…犯罪利用預金口座等に係る資金による被害回復分配金の支払等に関する法律
- ・金融サービス法…金融サービスの提供及び利用環境の整備等に関する法律
- ・預金者保護法…偽造カード等及び盗難カード等を用いて行われる不正な機械式預貯金払戻し等からの預貯金者の保護等に関する法律
- ・投信法…投資信託及び投資法人に関する法律
- ・滞調法…滞納処分と強制執行等との手続の調整に関する法律
- ・判例の表示

（最判昭45.4.10民集24巻4号240頁）
　A　　　B　　　　　　C

A…裁判所と裁判の種類を示す。

　最…最高裁判所

　高…高等裁判所

　大…大審院

　判…判決

　決…決定

B…裁判(言渡)年月日を示す。

C…登載誌およびその登載箇所を示す。

　民録…大審院民事判決録

　民集…最高裁判所(大審院)民事判例集

　金法…金融法務事情

「金融業務2級 法務コース」試験概要

法律実務知識の習得度、さまざまなケースにおける判断力・実務対応力を検証します。

■受験日・受験予約　通年実施。受験者ご自身が予約した日時・テストセンター（https://cbt-s.com/examinee/testcenter/）で受験していただきます。
受験予約は受験希望日の3日前まで可能ですが、テストセンターにより予約可能な状況は異なります。

■試験の対象者　金融業務3級法務コース合格者、中堅行職員または管理者層　※受験資格は特にありません

■試験の範囲　
1. 預金
2. 手形・小切手、手形交換、電子記録債権等
3. 内国為替、付随業務、有価証券関連業務等
4. 融資Ⅰ（実行、管理、回収等）
5. 融資Ⅱ（担保、保証等）
6. 総合問題

■試験時間　120分　試験開始前に操作方法等の案内があります。

■出題形式　四答択一式30問、総合問題10題

■合格基準　100点満点で70点以上

■受験手数料（税込）　7,700円

■法令基準日　問題文に特に指示のない限り、2024年4月1日現在施行の法令等に基づくものとします。

■合格発表　試験終了後、その場で合否に係るスコアレポートが手交されます。合格者は、試験日の翌日以降、合格証をマイページからPDF形式で出力できます。

■持込み品　携帯電話、筆記用具、計算機、参考書および六法等を含め、自席（パソコンブース）への私物の持込みは認められていません。テストセンターに設置されている鍵付きのロッカー等に保管していただきます。メモ用紙・筆記用具はテストセンターで貸し出されます。計算問題については、試験画面上に表示される電卓を利用することができます。

■受験教材等　
・本書
・通信教育講座「3カ月マスター 法務コース」
（一般社団法人金融財政事情研究会）

■受験申込の変更・キャンセル　受験申込の変更・キャンセルは、受験日の3日前までマイページより行うことができます。受験日の2日前からは、受験申込の変更・キャンセルはいっさいできません。

■受験可能期間　受験可能期間は、受験申込日の3日後から当初受験申込日の1年後までとなります。受験可能期間中に受験（またはキャンセル）しないと、欠席となります。

※金融業務能力検定・サステナビリティ検定の最新情報は、一般社団法人金融財政事情研究会のWebサイト（https://www.kinzai.or.jp/kentei/news-kentei）でご確認ください。

第1章

預　金

1－1　普通預金債権および預金通帳の法的性質

《問》普通預金債権および預金通帳の法的性格に関する次の記述のうち、
最も適切なものはどれか。
1）普通預金債権を譲渡する場合には、譲受人から債務者である銀行に
対して譲渡を受けた旨の通知を行うことにより、銀行に対する対抗
要件を具備することができる。
2）普通預金債権の譲受人は、当該預金債権に譲渡制限特約が付されて
いることにつき悪意である場合に加え、その特約の存在を知らない
ことにつき重大な過失がある場合にも、その債権を取得し得ない。
3）預金通帳は、証拠証券ではなく有価証券であるため、通帳を第三者
に譲渡した場合、預金債権は譲受人に移転する。
4）預金通帳は免責証券ではないため、通帳の提出を受け、印鑑照合等
の所定の手続を経て預金を払い戻した場合であっても、払戻しの相
手方が無権利者である場合には、その払戻しが有効となることはな
い。

・解説と解答・

1）不適切である。対抗要件を具備するための債権の譲渡通知は、譲渡人から
債務者に対して行う必要がある（民法467条1項）。なお、譲渡制限特約に
つきは、2）を参照。
2）適切である。預金債権は指名債権であり、本来、譲渡は可能である（民法
466条1項）が、普通預金債権は預金約款の特約により譲渡が禁止されて
いる。一般に、債権について譲渡制限特約があっても債権譲渡の効力は妨
げられず（同条2項）、悪意または重過失のある譲受人に対しては、債務
者が履行を拒絶することができ、また譲渡人に対する弁済等による債務の
消滅を対抗できることとなる（同条3項）。しかし、預貯金債権について
は特則が定められており、民法改正前と同様に、債権の譲受人が譲渡制限
特約の存在を知り、または重大な過失により知らなかったときは、譲渡が
無効であることを主張することができ（同法466条の5第1項）、その場合
は、債権譲渡当事者間でも譲渡の効力は生じない（物権的効力）。
3）不適切である。預金債権における預金通帳は、有価証券ではなく、預金債
権の証拠としての証拠証券にすぎない。

4）不適切である。預金通帳は免責証券としての性質も有しており、通帳の提出を受け、印鑑照合等の所定の手続を経た預金の払戻しであれば、預金約款により、あるいは取引上の社会通念に照らして受領権者としての外観を有する者に対する弁済（民法478条）として、その払戻しが有効となる場合がある。

正解　2）

1－2　定期預金の書替と預金の同一性

《問》定期預金の書替と預金の同一性に関する次の記述のうち、最も適切なものはどれか。

1）書替の種類にかかわらず、定期預金の書替は当初の預金の期限の延長であり、預金の同一性を維持する。

2）同額書替、元加式書替は、期限の延長となり預金の同一性を維持するが、増額書替、減額書替は、当初預金の解約と書替後金額による新規預入となり、預金の同一性を失う。

3）同額書替、元加式書替、減額書替は、期限の延長となり預金の同一性を維持するが、増額書替は、当初預金の解約と書替後金額による新規預入となり、預金の同一性を失う。

4）同額書替、元加式書替、増額書替は、期限の延長となり預金の同一性を維持するが、減額書替は、当初預金の解約と書替後金額による新規預入となり、預金の同一性を失う。

・解説と解答・

　預入期間が経過した定期預金を解約せずに預入を継続する取扱いを「定期預金の書替（継続）」というが、預金の同一性を維持するか否かは、書替の方法により異なる。同額書替、元加式書替、減額書替は、書替前の定期預金元金・利息が書替後の定期預金元金となるので、書替の前後で預金の同一性を維持するものであるが、書替前の定期預金元金・利息に別途資金を追加して行う増額書替は、預金の同一性が失われるという考え方もあるため、実務上は同一性がないものとして取り扱うのが適当である。

正解　3）

1－3　取引時確認（Ⅰ）

《問》マネー・ローンダリングに利用されるリスクが特に高い取引（ハイリスク取引）においては、犯罪収益移転防止法による取引時確認の際に、厳格な取引時確認が必要とされている。自然人である顧客とのハイリスク取引に関する次の記述のうち、最も不適切なものはどれか。

1）本人特定事項の確認については、通常の取引時確認で確認する書類に加え、それ以外の本人確認書類を少なくとも1点提示させる必要がある。

2）取引を行う目的については、通常の取引時確認と同様に本人の申告で足りる。

3）本人の職業の確認については、通常の取引時確認で確認する書類に加え、それ以外の本人確認書類を少なくとも1点提示させる必要がある。

4）本取引の価額が200万円を超える財産の移転を伴う場合には、その取引を行うに相応する資産、収入を備えているかを確認するために、確定申告書、預金通帳等を提示させる必要がある。

・解説と解答・

1）適切である（犯罪収益移転防止法4条2項、同法施行規則14条1項）。

2）適切である（犯罪収益移転防止法4条2項、同法施行規則9条、14条2項）。

3）不適切である。本人の職業の確認については、通常の取引時確認と同様に本人の申告で足りる（犯罪収益移転防止法4条2項、同法施行規則10条1号、14条2項）。

4）適切である（犯罪収益移転防止法4条2項、同法施行令11条、同法施行規則14条4項）。

正解　3）

1－4　取引時確認（Ⅱ）

《問》犯罪収益移転防止法および同法施行規則に規定されている、取引時確認における「実質的支配者」およびその確認方法に関する次の記述のうち、最も不適切なものはどれか。

1）実質的支配者の確認方法は、通常の取引時確認の場合は代表者等の申告によるが、マネー・ローンダリングに利用されるリスクが特に高い取引（ハイリスク取引）の場合は、一定の書類の提出が必要となる。

2）資本多数決の原則を採る法人において、当該法人の議決権総数の4分の1を超える議決権を有していると認められる自然人は、実質的支配者に該当する。

3）資本多数決の原則を採る法人以外の法人において、出資、融資、取引などの関係を通じて法人の事業活動に支配的な影響力を及ぼす自然人は、実質的支配者に該当する。

4）顧客が上場企業の場合、実質的支配者の確認において、有価証券報告書等の一定の書類の提出が必要となる。

・解説と解答・

1）適切である。通常の取引時確認の場合は代表者等の申告で足りるが、ハイリスク取引の場合は、実質的支配者の有無について株主名簿、有価証券報告書等の書類を用いて確認するとともに、実質的支配者の本人特定事項について代表者等からの申告が必要とされている（犯罪収益移転防止法4条1項4号、同法施行規則11条1項、14条3項）。

2）適切である。株式会社などの資本多数決の原則を採る法人における実質的支配者は、①議決権総数の4分の1を超える議決権を直接または間接に有している自然人、あるいは①以外で、出資、融資、取引などの関係で法人の事業活動に支配的な影響力を有する自然人である（犯罪収益移転防止法4条1項4号、同法施行規則11条2項1号、2号）。

3）適切である（犯罪収益移転防止法4条1項4号、同法施行規則11条2項3号ロ）。

4）不適切である。顧客が国、地方公共団体、上場企業等である場合には、実質的支配者の確認は求められない（犯罪収益移転防止法4条5項、同法施行令14条）。

<u>正解　4）</u>

1－5　実特法に基づく対応

《問》国内に所在する金融機関等で新たに口座開設等を行おうとする個人
取引先から提出を受ける新規届出書の記載事項のうち、「租税条約
等の実施に伴う所得税法、法人税法及び地方税法の特例等に関する
法律」（実特法）上、記載が求められていないものはどれか。
1 ）氏名
2 ）住所
3 ）居住地国
4 ）日本の個人番号（マイナンバー）

・解説と解答・

　「租税条約等の実施に伴う所得税法、法人税法及び地方税法の特例等に関する法律」（実特法）上、国内に所在する金融機関等で口座開設等を行う者（自然人、法人、組合等）は、金融機関等へ届出書の提出が求められている。届出書の記載事項として、新規口座開設等を行う者の氏名・住所（名称・所在地）・生年月日・居住地国等を届け出させ、そのうち非居住者については、居住国の納税者番号等の届出を求めているが、日本に居住する者の個人番号（マイナンバー）の届出は必要ない（同法10条の 5 第 1 項、同法律の施行に関する省令16条の 2 第 1 項、 2 項）。

<u>正解　4 ）</u>

1－6　定期預金の中途解約等

《問》定期預金の中途解約等に関する次の記述のうち、最も不適切なもの
はどれか。
1）2020年4月の改正民法施行後に預けられた定期預金について、預金
者から定期預金の中途解約の申出があった場合は、民法上、銀行は
中途解約に応じる必要がある。
2）無権利者から定期預金の中途解約の申出があった場合、銀行が善良
な管理者としての注意義務を尽くして払戻しに応じたときは、銀行
は免責される。
3）定期預金が総合口座に組み込まれている場合、預金者から所定の貸
越の申出があれば、銀行は貸越に応諾する義務がある。
4）銀行が定期預金の中途解約に応じる場合、銀行は定期預金の預入時
に約定した定期預金利率による利息を支払う必要がある。

・解説と解答・

1）適切である。民法改正（債権法改正）により、消費寄託も寄託の一類型で
あるとされ、消費寄託契約である預貯金契約についても寄託一般の規定が
適用されることとなった。そのため、改正民法施行後に預けられた定期預金
の中途解約に関しても「当事者が寄託物の返還の時期を定めたときであっ
ても、寄託者は、いつでもその返還を請求することができる」（民法662条
1項）と解される。したがって、銀行は、民法上、定期預金の中途解約に
応じる必要がある。ただし、預金規定等で別段の定めがあるときは、その
定めに従うことができる。

2）適切である。受領権者以外の者であって、取引上の社会通念に照らして受
領権者としての外観を有する者に対してした弁済は、その弁済をした者が
善意であり、過失がなかったときに限り、その効力を有する（民法478
条）。したがって、銀行が善良な管理者としての注意義務を尽くして払戻
しに応じたときは、銀行は免責される。

3）適切である。総合口座には当座貸越契約が付帯されており、その当座貸越
契約の範囲内の貸越申込みに対しては、銀行に応諾義務がある。

4）不適切である。銀行は、定期預金規定に定めた中途解約利率により利息を
　支払えばよく、定期預金の預入時に約定した定期預金利率による利息を支
　払う必要はない。

正解　　4）

1－7　消費者契約法

《問》消費者契約法に関する次の記述のうち、最も不適切なものはどれか。

1）事業者が消費者契約の勧誘場所に消費者を拘束し、その場所から退去させないことにより、消費者が困惑し、契約した場合、当該契約は無効となる。

2）事業者が消費者契約の重要事項について事実と異なることを告げ、その告げられた内容が事実であると消費者が誤認して契約した場合、消費者に契約の取消権が認められる。

3）事業者が消費者契約の重要事項について消費者の利益となる事実だけを告げ、消費者に不利益となる事実を故意に告げなかったことにより、その不利益となる事実が存在しないと消費者が誤認して契約した場合、消費者に契約の取消権が認められる。

4）消費者契約において、事業者の債務不履行によって消費者に生じた損害について、事業者の損害賠償責任を全部免除する旨の条項は無効となる。

・解説と解答・

1）不適切である。事業者が消費者契約の勧誘場所に消費者を拘束し、消費者がその場所から退去する旨を示したにもかかわらずその場所から退去させないことにより、消費者が困惑し、契約した場合、消費者に契約の取消権が認められる（消費者契約法4条3項2号）が、契約自体が無効になるわけではない。

2）適切である（消費者契約法4条1項1号）。

3）適切である（消費者契約法4条2項）。重大な過失によって告げなかった場合も同様となる（同項）。

4）適切である（消費者契約法8条1項1号）。

正解　1）

1-8 振込の原因となる法律関係が存在しない振込預金

《問》AがB宅に侵入し、B名義の定期預金通帳（残高1,000万円）と届
出印、Bの妻C名義の普通預金通帳（残高200万円）と届出印を盗
取した場合について、判例の考え方等に照らして、次の記述のうち
最も適切なものはどれか。

1) Aが、盗取した通帳と届出印を用いてBの定期預金全額を解約し、
Cの普通預金口座に振り込んだ場合、BとCとの間に振込の原因と
なる法律関係が存在しなくとも、Cは、振込金額相当の預金債権を
取得することとなる。

2) Aが、盗取した通帳と届出印を用いてBの定期預金全額を解約し、
Cの普通預金口座に振り込み、その後、Cになりすまして全額の払
戻しを受けた場合、金融機関は、印鑑照合等を適切に行っていれ
ば、取引時確認を行う必要はない。

3) Aが、盗取した通帳と届出印を用いてBの定期預金全額を解約し、
Cの普通預金口座に振り込んだ場合、Cが善意かつ無過失の場合に
限り、振込金額相当の預金債権を取得することとなる。

4) Aが、盗取した通帳と届出印を用いてBの定期預金全額を解約し、
Cの普通預金口座に振り込んだ場合、Cは、Bに対して不当利得返
還義務を負担することになるので、Cによる払戻請求は権利濫用に
当たり認められない。

・解説と解答・

1) 適切である。判例（最判平8.4.26民集50巻5号1267頁・金法1455号6頁）
は、振込依頼人と受取人との間に振込の原因となる法律関係が存在するか
否かにかかわらず、受取人は、振込金額相当の預金債権を取得するとして
いる。

2) 不適切である。200万円を超える大口現金取引であれば、取引時確認を行
う必要がある（犯罪収益移転防止法4条1項、別表、同法施行令7条1項
1号ツ）。

3) 不適切である。1)を参照。

4) 不適切である。判例（最判平20.10.10民集62巻9号2361頁・金法1857号51
頁）は、振込に係る預金の払戻請求について、詐欺罪等の犯行の一環を成

す場合等、特段の事情がある場合には権利濫用に当たるが、単に不当利得返還義務を負担しているだけでは、権利濫用には当たらないとしている。

正解　1）

1－9 預金者保護

《問》全国銀行協会「偽造・盗難キャッシュカードに関する預金者保護の
申し合わせ（平成17年（2005年）10月6日）」の内容に関する次の
記述のうち、最も適切なものはどれか。
1) 本人が他人に暗証番号を知らせた場合は、やむを得ない事情がある
場合を除き本人の重大な過失となりうるが、本人が他人にキャッシュ
カードを渡した場合は、本人の単なる過失となりうる。
2) 本人が暗証番号をキャッシュカード上に書き記していた場合は、本
人の重大な過失となりうる。
3) 本人が暗証番号を容易に第三者が認知できるような形でメモなどに
書き記し、かつ、キャッシュカードとともに携行・保管していた場
合は、本人の重大な過失となりうる。
4) 金融機関から生年月日、自宅の住所・地番・電話番号等の類推されや
すい暗証番号から別の番号に変更するよう個別的、具体的かつ複数
回にわたる働きかけが行われたにもかかわらず、本人が生年月日を
暗証番号にし、かつ、暗証番号を推測させる免許証とともにキャッ
シュカードを携行・保管していた場合は、本人の重大な過失となり
うる。

・解説と解答・

1) 不適切である。本人が他人に暗証番号を知らせた場合、または本人が他人
にキャッシュカードを渡した場合は、やむを得ない事情がある場合を除
き、「本人の重大な過失」となりうる（【重大な過失または過失となりうる
場合】1（1）、（3）および（注））。
2) 適切である（【重大な過失または過失となりうる場合】1（2））。
3) 不適切である。本肢の場合は、「本人の過失」となりうる（【重大な過失ま
たは過失となりうる場合】2（1）②）。
4) 不適切である。本肢の場合は、「本人の過失」となりうる（【重大な過失ま
たは過失となりうる場合】2（2）①ア）。

正解 2）

1－10　預金者保護法に基づく補てん

> 《問》X銀行Y支店に普通預金口座を有する個人取引先Aから、当該口座
> に係るキャッシュカードが盗難に遭ったとの連絡があった。Aは、
> キャッシュカードの盗難に遭ったことに気付いてすぐにX銀行Y支
> 店に連絡したものであり、自宅最寄りの警察署にこれから被害届を
> 出すとのことであった。X銀行Y支店では、直ちにAの普通預金口
> 座に支払差止の措置をとったが、その時点において、当該キャッシュ
> カードを用いて、他支店の ATM から何者かによって既に現金20万
> 円が払い戻されていた場合について、預金者保護法に基づく補てん
> に関する次の記述のうち、最も不適切なものはどれか。なお、預金
> 保険者保護法5条1項の要件は満たすことを前提とする。
>
> 1）当該払戻しがAの軽過失により行われたものであり、X銀行が善
> 　　意・無過失である場合、X銀行は、補てん対象額の4分の3に相当
> 　　する金額を補てんしなければならない。
> 2）当該払戻しがAの軽過失により行われたものであるが、X銀行にも
> 　　過失があった場合、X銀行は、補てん対象額の全額を補てんしなけ
> 　　ればならない。
> 3）当該払戻しがAの重大な過失により行われたものであり、X銀行が
> 　　善意・無過失である場合、X銀行は、補てん対象額の4分の1に相
> 　　当する金額を補てんしなければならない。
> 4）当該払戻しがAの配偶者により行われたものであり、X銀行が善
> 　　意・無過失である場合、X銀行は、補てんを行うことを要しない。

・解説と解答・

1）適切である（預金者保護法5条2項）。
2）適切である（預金者保護法5条2項）。
3）不適切である。金融機関が善意・無過失で、当該払戻しが預金者の重大な
　　過失により行われたものであるときは、補てんすることを要しない（預金
　　者保護法5条3項1号イ）。
4）適切である（預金者保護法5条3項1号ロ）。

正解　3）

1－11 重大な過失または過失となりうる場合

《問》X銀行Y支店に普通預金を有している個人預金者Aは、通常はキャッシュカードで普通預金の入出金をし、通帳と印章は自宅に保管していた。先日、Aは当該通帳と印章が盗難に遭ったことに気付いたため、直ちにX銀行Y支店に連絡し、当該普通預金の支払差止を要請した。しかし、盗難後、Aが連絡するまでの間に、X銀行Y支店の窓口において、当該普通預金から既に50万円が引き出されていることが判明したため、AはX銀行に対しその補てんを求めた場合について、全国銀行協会「預金等の不正な払戻しへの対応について（平成20年（2008年）2月19日）」における「重大な過失または過失となりうる場合」に関する次の記述のうち、最も不適切なものはどれか。

1）Aが他人に記入・押印済みの払戻請求書、諸届を渡していたことが判明した場合は、「重大な過失」となりうる。

2）Aが他人に通帳を渡していたことが判明した場合は、「重大な過失」となりうる。

3）Aが届出印の印影が押印された払戻請求書、諸届を通帳とともに保管していた場合は、「重大な過失」となりうる。

4）Aが印章を通帳とともに保管していた場合は、「過失」となりうる。

・解説と解答・

1）適切である（「重大な過失または過失となりうる場合」1（2））。

2）適切である（「重大な過失または過失となりうる場合」1（1））。

3）不適切である。この場合は、「過失」となりうる（「重大な過失または過失となりうる場合」2（2））。

4）適切である（「重大な過失または過失となりうる場合」2（3））。

<u>正解　3）</u>

1－12　葬儀費用等の便宜払い

《問》X銀行Y支店の個人顧客Aが死亡した。Aの親族は妻B、子C、子
D、母Eおよび弟Fが存命しており、Aに遺言はない。この場合に
おいて、遺産分割協議の成立前に、妻BからAの葬儀費用の支払に
充てるために相続預金を払い戻したい旨の申入れがあり、X銀行Y
支店が便宜払いに応じる際の対応として、次のうち最も不適切なも
のはどれか。

1）X銀行Y支店は、葬儀費用の支払先、支払金額を請求書などで確認
すべきである。

2）X銀行Y支店は、払戻金額をAの葬儀費用として必要な金額を限度
とすべきである。

3）X銀行Y支店は、払い戻した預金の使途が葬儀費用の支払であるこ
とを明確にするために、支払先である業者等への振込手続を行って
もらうべきである。

4）X銀行Y支店は、ほかの法定相続人の同意書面がなくても、払戻金
額がBの法定相続分までの金額であれば、Bの請求に基づいて支払
うべきである。

・解説と解答・

1）適切である。預金債権は相続開始と同時に当然に分割されることはなく、遺
産分割の対象となるとの判例（最決平28.12.19民集70巻8号2121頁・金法
2061号68頁。なお、当該決定において判断の対象とされているものは、普
通預金債権、通常貯金債権および定期貯金）に基づき、B以外の相続人と
のトラブルを防止するために、X銀行Y支店は、当該支払理由を説明でき
るようにしておくべきである。

2）適切である。便宜払いは、あくまでも葬儀費用など緊急に相続預金を払い
戻す必要が生じた場合にとどめるべきである。

3）適切である。遺産分割前の一部の相続人に対する払戻しのリスクを勘案す
ると、預金の使途を明確にすることが必要である。

4）不適切である。上記1）の判例によれば、法定相続分の金額までであって
も、ほかの相続人の同意が不要とはいえない。なお、「相続された預貯金
債権の仮払い制度」によれば、遺産に属する預貯金債権のうち、その相続

開始時の金額の 3 分の 1 に当該相続人の法定相続分を乗じた金額（1 金融機関当たり150万円が上限）については、ほかの相続人の同意がなくても、単独でその権利行使ができるとされる（民法909条の 2 ）。

正解　4）

1－13　遺言のある相続預金の払戻し

《問》遺言がある場合の相続預金の払戻しにおける金融機関の対応として、次のうち最も適切なものはどれか。

1）遺言により預金の相続に関する遺言執行者が指定されており、当該遺言執行者が、遺言執行者であることを明らかにして、その権限内において相続預金の払戻請求を行った場合は、相続預金全額を遺言執行者に支払ってさしつかえない。

2）法定相続分に基づき相続預金の一部を支払った後に、その支払った相手方以外の相続人に当該預金を相続させる旨の遺言書が発見された場合、当該払戻しは無効となり、改めて遺言に基づく預金の払戻手続を要することになる。

3）家庭裁判所の検認を受けていない遺言書は無効であるので、検認を受けていない遺言書に基づき相続預金の払戻請求があったときは、どのような場合であっても応じてはならない。

4）遺言により自己の遺留分を侵害された相続人から直接金融機関に対して相続預金の払戻請求があった場合、相続預金のうち当該相続人の遺留分相当額を支払ってもさしつかえない。

・解説と解答・

1）適切である。「遺言執行者がその権限内において遺言執行者であることを示してした行為は、相続人に対して直接にその効力を生ずる」とされ（民法1015条）、「遺言執行者は、遺言の内容を実現するため、相続財産の管理その他遺言の執行に必要な一切の行為をする権利義務を有する」（同法1012条1項）。

2）不適切である。後日遺言書が発見されても、金融機関が遺言書の存在を知らずに支払った場合には、民法478条や免責規定の適用があり、当然に払戻しが無効となるわけではなく、特段の事情がない限り、払戻請求をした相続人に遺言書の有無を一応確かめれば足り、それ以上特別の調査をする義務はないとする判例もある（最判昭43.12.20集民93号767頁）。また、民法改正により施行された「相続された預貯金債権の仮払い制度」では、葬儀費用等の必要な資金については、一定額を限度に各共同相続人が単独で権利を行使することが認められている（民法909条の2）。

3）不適切である。検認は、遺言の執行前において、遺言書の形式その他の状態を調査確認し、その保存を確実にするための一種の証拠保全手続であって、検認手続を経ないからといって遺言書の効力を左右するわけではない。このため、相続人全員の承諾がある場合等、検認のない遺言書に基づき預金を払い戻してもさしつかえない場合もある。ただし、封印のある遺言は、家庭裁判所において相続人等の立会いがなければ開封できず（民法1004条3項）、遺言書の検認を経ないで遺言を執行し、または封印のある遺言書を家庭裁判所外で開封した者は、過料に処せられる（同法1005条）。

4）不適切である。遺留分を侵害する遺言は当然には無効ではなく、その遺言に基づく行為が遺留分侵害額請求の対象となるだけである。遺留分侵害額請求の相手方は、直接利益を得た受遺者、受贈者やその包括承継人等であり、金融機関に直接請求を行うことはできない（民法1046条）。

<u>正解 1）</u>

1－14　預金口座の取引履歴開示義務

《問》共同相続人の1人が、金融機関に対して被相続人名義の預金口座に係る取引履歴の開示請求を行った場合について、判例の考え方に照らして、次のうち最も不適切なものはどれか。

1）共同相続人は、確定判決等の債務名義を得なくても、被相続人名義の預金口座に係る取引履歴の開示を求める権利を単独で行使することができる。

2）共同相続人は、共同相続人全員に帰属する預金契約上の地位に基づき、被相続人名義の預金口座に係る取引履歴の開示を求める権利を単独で行使することができる。

3）共同相続人による被相続人名義の預金口座に係る取引履歴の開示請求は、開示請求の態様、開示を求める対象および範囲等によっては、権利の濫用に当たり認められない場合がある。

4）共同相続人は、遺産分割協議が成立しない限り、被相続人名義の預金口座に係る取引履歴の開示を求める権利を単独で行使することはできない。

・解説と解答・

1）適切である。4）で掲げた判例を参照。

2）適切である。4）で掲げた判例を参照。

3）適切である。4）で掲げた判例を参照。

4）不適切である。遺産分割協議の成否にかかわらず、各共同相続人は、預金契約上の地位に基づき、金融機関に対して、被相続人名義の預金口座に係る取引履歴の開示を求める権利を単独で行使することができる（最判平21.1.22民集63巻1号228頁・金法1864号27頁）。

正解　4）

1－15 法定相続人の範囲と各相続分

《問》X銀行Y支店の個人顧客Aが死亡した。Aの親族は妻B、子C、子
　D、母Eおよび弟Fが存命しており、Aに遺言はない場合における
　Aの相続人およびその法定相続分に関する次の記述のうち、最も適
　切なものはどれか。なお、親族であることの確認には問題がないも
　のとする。
1）妻Bは相続人であり、その法定相続分は2分の1である。
2）子Cおよび子Dは相続人であり、その法定相続分は各々8分の1で
　ある。
3）母Eは相続人であり、その法定相続分は8分の1である。
4）弟Fは相続人であり、その法定相続分は8分の1である。

・解説と解答・

1）適切である（民法890条、900条1号）。
2）不適切である。子Cおよび子Dは相続人であり、その法定相続分は、本問
　の場合、各々4分の1である（民法887条1項、900条1号、4号）。
3）不適切である。母Eは直系尊属であるため、相続人の子およびその代襲者
　等が存在しない場合にのみ相続人となり、本問では、相続人とならない
　（民法889条1項1号）。
4）不適切である。弟FはAの兄弟姉妹であるから、Aに子がいる場合には相
　続人とならない（民法889条1項2号）。

正解　1）

1－16 法定相続人および法定相続分等

《問》X銀行Y支店の個人顧客Aが死亡した。Aの親族として妻B、子C、子Dがおり、Dには子Eがいる場合における法定相続人および法定相続分等に関する次の記述のうち、最も適切なものはどれか。なお、本問において関係者の本人確認には問題がないものとする。

1）仮にDが相続を放棄した場合、Eは代襲相続することができるが、その相続分は、Dが相続放棄をしなかったら受けられたはずの相続分の2分の1である。
2）仮にAと普通養子縁組をしているFがいた場合、Fの相続分は、CおよびDの相続分の2分の1である。
3）仮にAと普通養子縁組をしているFがいた場合、Fは、養親であるAの法定相続人であるとともに、実親の法定相続人でもある。
4）Bの遺留分割合は、遺留分を算定するための財産の価額に対し、Bの法定相続分（2分の1）の3分の1に当たる6分の1である。

・解説と解答・

1）不適切である。代襲相続ができるのは、被相続人の子が①相続開始前に死亡した場合、②相続人としての欠格事由に当たる場合、③廃除により相続権を失った場合であり、相続放棄をしたDの子であるEは、代襲相続をすることはできない（民法887条2項）。また、代襲相続人の相続分は、相続人となるはずであった者の相続分と同じである（なお、Dの相続分は、4分の1である。同法900条、901条）。

2）不適切である。普通養子と実子とで相続分に差はない。本問の場合、子が3名いるので、Fの相続分は、CおよびDと同じ6分の1である（民法809条、900条1号、4号）。

3）適切である（民法809条、817条の2）。なお、特別養子縁組の場合は、実方の血族との親族関係が終了するため、実親の法定相続人ではなくなる。

4）不適切である。本問の場合は、B、CおよびDが法定相続人であり、Bの法定相続分は2分の1であるので、その2分の1に当たる4分の1がBの遺留分となる（民法1042条1項2号）。

正解　3）

1−17　遺言の方式および効力

《問》遺言の方式および効力に関する次の記述のうち、最も不適切なもの
はどれか。
1）普通方式による遺言には、自筆証書遺言、公正証書遺言、秘密証書
遺言の3種類がある。
2）自筆証書遺言は、原則として、遺言者がその全文を自書しなければ
ならないが、財産目録を添付する場合は、その目録については、各
頁に署名押印をすれば、自書によらず作成することができる。
3）前の遺言内容が後の遺言内容に抵触するときは、その抵触する部分
については、後の遺言で前の遺言を撤回したものとみなされる。
4）自宅で保管されていた自筆証書遺言は、相続の開始後、家庭裁判所
の検認を受ける必要があり、当該遺言の効力は、その検認を受けた
時から生じる。

・解説と解答・

1）適切である（民法967条）。
2）適切である。自筆証書遺言をする場合は、遺言者が遺言書の全文、日付お
よび氏名を自書する必要があるが、民法改正により、2019年1月13日以後
は財産目録に関しては、各頁に遺言者が署名押印を行うことにより、パソ
コンなどを利用して自書によらず作成できることとなった（民法968条）。
3）適切である（民法1022条、1023条）。
4）不適切である。自宅で保管されていた自筆証書による遺言書の執行におい
ては家庭裁判所の検認手続が必要とされるが、遺言の効力は、遺言者の死
亡の時から生じる（民法985条、1004条）。

正解　4）

1－18　預金の相続

《問》預金の相続に関する次の記述のうち、最も適切なものはどれか。
1）共同相続人はそれぞれ自己のために相続の開始があったことを知った時から3カ月以内に家庭裁判所に申述して、相続放棄を行うことができる。
2）共同相続人はそれぞれ自己のために相続の開始があったことを知った時から3カ月以内に家庭裁判所に申述して、相続の限定承認を行うことができる。
3）判例によれば、複数の相続人に共同相続された預金債権は、相続開始と同時に当然に分割承継される。
4）預金を遺言により特定の相続人に相続させようとした場合は、民法上、遺言書のなかで遺言執行者を指定しなければならない。

・解説と解答・

1）適切である（民法915条1項）。
2）不適切である。民法923条は、相続人が数人ある場合は、全員が共同してのみ限定承認することができると定めており、「それぞれができる」とするのは不適切である。
3）不適切である。判例によれば、複数の相続人に共同相続された預金債権は、相続開始と同時に当然に分割承継されることはなく、遺産分割の対象となるとしている（最決平28.12.19民集70巻8号2121頁・金法2061号68頁。なお、当該決定において判断の対象とされているものは、普通預金債権、通常貯金債権および定期貯金）。
4）不適切である。遺言執行者を定めることもできる（民法1006条）が、必須ではない。

正解　1）

1－19　差押命令等の効力

《問》預金に対する差押命令等の一般的な効力に関する次の記述のうち、最も適切なものはどれか。

1）差押命令の効力は、差押命令が第三債務者と差押債務者の双方に送達された時に生ずる。

2）差押・転付命令が確定すると、転付命令が第三債務者に送達された時点に遡って、転付命令に係る預金の範囲内で、差押・転付債権者の債権は弁済されたものとみなされる。

3）仮差押債権者は、仮差押債務者に仮差押命令が送達された日から1週間を経過したときは、仮差押債権を取り立てることができる。

4）国税滞納処分による差押えの場合、徴収職員は、第三債務者に差押通知書が送達された日から1週間を経過したときは、差押債権を取り立てることができる。

・解説と解答・

1）不適切である。債権差押命令の効力は、第三債務者に送達された時に生ずる（民事執行法145条5項）。

2）適切である（民事執行法159条、160条）。

3）不適切である。差押命令における差押債権者と異なり、仮差押債権者は、仮差押債権を取り立てる権限を付与されない（なお、差押債権者の取立権につき民事執行法155条1項）。

4）不適切である。滞納処分による差押えは、第三債務者に対する債権差押通知書の送達により行われ、当該債権仮差押通知が第三債務者に送達された時に効力を生じ、徴収職員は、直ちに差押債権を取り立てることができるとされている（国税徴収法62条3項、67条1項）。

正解　2）

1－20　預金の差押え

> 《問》預金が差し押さえられた場合の金融機関の対応に関する次の記述の
> うち、最も不適切なものはどれか。
> 1 ）預金者が、差押命令において債務者として特定された名義（本名）
> とは別に通称でも預金取引をしていた場合、金融機関は当該通称名
> 義の預金の支払まで差し止める必要はない。
> 2 ）預金が差し押さえられた場合であっても、差押え前に実行された融
> 資が存在するときは、金融機関は相殺をもって当該差押えに対抗す
> ることができる。
> 3 ）差押命令に陳述の催告が付されていた場合、金融機関は 2 週間以内
> に裁判所に回答する法的義務を負う。
> 4 ）差し押さえられた預金を支払う意思がある旨を陳述書に記載して裁
> 判所に提出した場合、その後に債権保全上の必要性が生じたときで
> あっても、金融機関は当該反対債権との相殺をもって差押えに対抗
> することができない。

・解説と解答・

1 ）適切である。本名のみを表示した差押えの効力は、本名以外の名義の預金
には及ばない（通称名義の預金につき、差押えの効力が及ばないとしたも
のとして名古屋高判昭28.3.19高裁判例集 6 巻 2 号68頁）。

2 ）適切である。差押え後に実行された融資の場合は「差押え後に取得した債
権」に該当するので、相殺できないが、差押え前に実行された融資の場合
は、相殺できる（民法511条 1 項）。

3 ）適切である。差押債権者の申立てがあれば、裁判所は金融機関（第三債務
者）に対し、差押命令の送達の日から 2 週間以内に差押えに係る債権の存
否等の事項について陳述させることができる（民事執行法147条）。

4 ）不適切である。陳述書の作成は、回答時における金融機関（第三債務者）
の認識を前提として事実をそのまま記載すれば足りるとされており、将来
において相殺する意思がある旨を記載しなかったとしても、その後に相殺
ができなくなるわけではない。判例（最判昭55.5.12金法931号31頁）は、
第三債務者が仮差押裁判所に対してした陳述において、被差押債権の存在
を認めて支払の意思を表明し、将来において相殺する意思がある旨を表明

しなかったとしても、その後、これを受働債権として相殺に供することを
妨げるものではないとしている。

正解　4）

1－21　預金の差押えと供託（Ⅰ）

《問》X銀行Y支店は、取引先A社に対して1,000万円を融資しているが、Bを差押債権者、A社を差押債務者として、X銀行Y支店にA社名義の預金に対する差押命令が送達された。この場合について、A社名義の預金の差押えと供託に関する次の記述のうち、最も不適切なものはどれか。なお、差押預金の特定に問題はないものとする。

1）仮に、差押債権者BがA社名義の預金100万円のうちの80万円を差し押さえた場合、X銀行は、預金の全額を供託することができる。
2）仮に、差押債権者BがA社名義の預金100万円全額を差し押さえた場合、X銀行は、預金の全額を供託しなければならない。
3）仮に、差押債権者BがA社名義の預金100万円のうちの50万円を差し押さえた後に、差押債権者Cが当該預金のうちの30万円を差し押さえた場合、X銀行は、預金の全額を供託することができる。
4）仮に、差押債権者BがA社名義の預金100万円のうちの50万円を差し押さえた後に、差押債権者Dが当該預金のうちの70万円を差し押さえた場合、X銀行は、預金の全額を供託しなければならない。

・解説と解答・

1）適切である。この場合は権利供託であり、第三債務者は、預金全額を供託することもできるし、差押えに係る金額のみを供託することもできる（民事執行法156条1項）。
2）不適切である。差押えが競合しない単発の差押えの場合は権利供託であり、供託する義務はない（民事執行法156条1項）。
3）適切である。この場合は差押えの競合とはならず、権利供託となる（民事執行法156条2項、1項）。
4）適切である。同一の預金に対して複数の一部差押えが重複してなされた場合であって、差押債権の合計額が当該差し押さえられた預金の残高の範囲を超える場合は差押えの競合となり、第三債務者は、当該預金の全額を供託しなければならない（民事執行法156条2項）。

正解　2）

1−22 預金の差押えと供託（Ⅱ）

《問》Aは、X銀行Y支店に普通預金250万円を有していたところ、Aに対して200万円の債権を有する債権者Bが、当該A名義の普通預金を差し押さえた。この場合について、差押命令がX銀行Y支店に送達された場合のX銀行Y支店の対応に関する次の記述のうち、最も不適切なものはどれか。

1）差押命令の効力はX銀行Y支店に差押命令が送達された時点で生じるので、差押命令を受理したX銀行Y支店は、直ちに預金の支払停止処理を行う必要がある。

2）Aに差押命令が送達された日から1週間経過するとBは直接取立てを行うことができるので、Bからの請求があれば、X銀行Y支店はBに差し押さえられた預金を支払わざるを得ない。

3）X銀行Y支店がAに対して貸出金債権を有していた場合は、X銀行Y支店は当該貸出金債権と、AがX銀行Y支店に対して有する預金債権とを相殺することができる。

4）差押命令に第三債務者に対する陳述の催告が付されていた場合、X銀行Y支店は、Bに対して4週間以内に回答を送付する義務がある。

・解説と解答・

1）適切である（民事執行法145条5項）。

2）適切である（民事執行法155条1項）。

3）適切である（民法511条）。

4）不適切である。陳述の催告があった場合、第三債務者は2週間以内に裁判所に陳述書を提出する義務がある（民事執行法147条1項）。

<u>正解　4）</u>

1－23　自動継続特約付き定期預金と消滅時効

《問》判例の考え方に照らした自動継続特約付き定期預金における消滅時効として、次のうち最も適切なものはどれか。

1）自動継続停止の申出の有無にかかわらず、当該自動継続特約付き定期預金の当初預入時から消滅時効は進行する。

2）自動継続停止の申出の有無にかかわらず、当該自動継続特約付き定期預金の初回満期日から消滅時効は進行する。

3）自動継続停止の申出後、最初に到来する当該自動継続特約付き定期預金の満期日から消滅時効は進行する。

4）自動継続特約付き定期預金の初回満期日から消滅時効は進行するが、自動継続停止の申出がなされず、当該自動継続特約付き定期預金が自動継続される都度、消滅時効は更新される。

・解説と解答・

　判例（最判平19.4.24民集61巻3号1073頁・金法1818号75頁）は、「預金者が継続停止の申出をするか否かは、預金契約上、預金者の自由にゆだねられた行為」というべきであって、「初回満期日前の継続停止の申出が可能であるからといって、預金払戻請求権の消滅時効が初回満期日から進行すると解することはできない」「自動継続定期預金契約における預金払戻請求権の消滅時効は、預金者による解約の申入れがされたことなどにより、それ以降自動継続の取扱いがされることのなくなった満期日が到来した時から進行するものと解するのが相当」としており、3）が適切である。

正解　3）

1−24 当座勘定取引（I）

《問》当座勘定取引に関する次の記述のうち、最も不適切なものはどれか。

1）当座勘定取引契約に基づく銀行の手形・小切手の支払義務は、当座勘定取引先に対する義務であり、手形・小切手所持人に対するものではない。

2）当座勘定取引の開始は、犯罪収益移転防止法上の顧客との継続的取引関係の開始に該当するので、顧客が個人の場合には、その氏名、住居、生年月日を確認し、記録・保存する必要がある。

3）当座勘定取引契約に基づき、銀行は、手形・小切手の支払に際して、銀行員として社会通念上一般に期待される業務上相当の注意をもって確認を行う義務を負っている。

4）当座勘定取引契約に基づき、銀行は、当座勘定取引先が振り出した手形・小切手が支払呈示されたときに、当座勘定の支払資金の不足がわずかな場合には、過振りの措置をとらなければならない。

・解説と解答・

1）適切である。銀行の手形・小切手の支払は、当座勘定取引契約に基づく取引先からの支払委託によるものである。

2）適切である。当座勘定取引の開始（契約の締結）は、犯罪収益移転防止法に定める特定取引に該当する（同法4条、6条、7条、同法施行令7条）。

3）適切である。銀行は、当座勘定取引契約という委任契約に基づく「善良な管理者としての注意義務」を負っている（民法644条）。

4）不適切である。過振りは実質的には銀行の裁量により行う一時的な貸出であり、銀行には過振りを行う義務はない（当座勘定規定ひな型11条1項）。

正解　4）

1−25 当座勘定取引（Ⅱ）

《問》当座勘定取引に関する次の記述のうち、最も不適切なものはどれか。

1）当座勘定取引は、手形・小切手の支払を主な目的とする口座取引である。

2）当座勘定取引契約の法的性質は、手形・小切手の支払委託契約と金銭消費寄託契約の混合契約であると一般的に解されている。

3）銀行は、当座勘定取引先に対して、預金債務者としての責任を負うことはない。

4）銀行は、当座勘定取引先に対して、手形・小切手の振出や引受を認めたり、過振りを実行したりすることから、当座勘定取引は与信取引に準じたものであると解されている。

・解説と解答・

1）適切である。当座勘定取引は、呈示された手形・小切手を当座勘定から支払うことを主な目的とする口座取引である（当座勘定規定ひな型7条）。

2）適切である。当座勘定取引契約の法的性質は、金銭消費寄託契約であり、手形・小切手の支払委託契約であると解するのが現在の一般的理解である。

3）不適切である。2）のとおり、当座勘定取引契約は手形・小切手の支払委託契約と金銭消費寄託契約との混合契約であるから、銀行は、手形・小切手の支払担当者としての責任のみならず、預金債務者としての責任も負う。

4）適切である。銀行が、当座勘定取引先に対して手形・小切手の振出や引受を認めたり、過振りを実行したりすることは、銀行が当座勘定取引先に対して信用を与えるものであるから、一種の与信取引に準じたものといえる。

正解　3）

1－26　当座勘定取引先の死亡

《問》X銀行の当座勘定取引先である個人事業主Ａが死亡し、当座預金口
座には相当の残高がある。Ａの相続人は、妻Ｂ、長男Ｃおよび長女
Ｄの３人であったが、遺産分割協議の結果、ＣがＡの事業を承継す
るとともに、当該当座預金口座の残高全額についても相続すること
になった。そして、Ｃから、引き続きＡの当座預金口座を使って手
形・小切手を振り出したいとX銀行に依頼があった場合について、
X銀行の対応に関する次の記述のうち、最も適切なものはどれか。

1）Ｂ、Ｃ、Ｄ間の遺産分割協議が真正になされたものであることが確
認できれば、X銀行は、Ａの当座預金口座を使って手形・小切手を
振り出したいというＣの依頼に応じてさしつかえない。

2）X銀行は、Ｃとの間でＡの当座預金口座を継続利用してもさしつか
えないが、Ａが生前に振り出した手形・小切手の支払呈示がある都
度、Ｂ、Ｃ、Ｄに支払の可否を確認する必要がある。

3）預金債権は可分債権なので、遺産分割協議結果にかかわらず、当該
当座預金口座の残高は、Ａの死亡により当然に分割されて各相続人
に相続されるため、X銀行は、Ａの当座預金口座を使って手形・小
切手を振り出したいというＣの依頼に対し、Ｃの法定相続分相当金
額までであれば、手形・小切手の支払原資とする扱いをすることが
できる。

4）Ａの死亡により、X銀行とＡとの間の当座勘定取引契約は終了して
いるので、X銀行とＣとの間で新たに当座勘定取引契約を締結する
必要がある。

・解説と解答・

1）不適切である。当座勘定取引契約は、委任（手形・小切手の支払委託）契
約と消費寄託契約の混合契約であり、当事者の一方の死亡により委任契約
は終了するため（民法653条１号）、Ａの当座預金口座を使って手形・小切
手を振り出したいというＣの依頼に応じることはできない。

2）不適切である。1）のとおり、Ａとの間の当座勘定取引契約が終了してい
るため、Ａが生前に振り出した手形・小切手が支払呈示された場合、原則
として１号不渡として処理する（電子交換所規則40条１項但書、同規則施

行細則33条1項1号③)。

3) 不適切である。1)のとおり、Aとの当座勘定取引契約は終了しているため、Cの依頼に応じることはできない。なお、預金債権は相続開始と同時に当然に分割されることはなく、遺産分割の対象となるとするのが判例である（最決平28.12.19民集70巻8号2121頁・金法2061号68頁。なお、当該決定において判断の対象とされているものは、普通預金債権、通常貯金債権および定期貯金）。

4) 適切である。遺産分割協議によりAの事業を承継する相続人CがX銀行と当座勘定取引の継続を望むとしても、Aとの当座勘定取引契約が終了している以上、新たに当座勘定取引契約をX銀行とCとの間で締結する必要がある。

正解　4)

1-27　当座勘定取引契約の終了

《問》当座勘定取引契約の終了に関する次の記述のうち、最も不適切なものはどれか。

1）当座勘定取引先が死亡した場合、相続人の届出等がなくても、法的には振出人の死亡により当然に当座勘定取引契約が終了する。

2）当座勘定取引先が破産手続開始決定を受けた場合、破産管財人からの通知等がなくても、法的には破産により当然に当座勘定取引契約が終了する。

3）当座勘定取引先が当座勘定取引契約の解約依頼書を銀行に提出した場合、その提出時点で当座勘定取引契約が終了する。

4）当座勘定取引先が銀行取引停止処分を受けた場合、当座勘定取引契約の解約通知を発信しなくても、銀行取引停止処分日に当座勘定取引契約が終了する。

●解説と解答●

1）適切である。当座勘定取引契約の支払委託の性質から、民法の委任契約に関する規定が適用される（民法653条1号）。

2）適切である（民法653条2号）。1）も参照。

3）適切である。合意解約のケースであり、解約依頼書の提出を受けた時に解約の効力が生じる。

4）不適切である。銀行取引停止処分による当座勘定取引契約の強制解約は、金融機関が解約通知を発信した時に効力が生じる（当座勘定規定ひな型23条4項）。

<u>正解　4）</u>

1－28　当座勘定取引契約の解約または終了

《問》X銀行Y支店の当座取引先A社が、20X1年1月31日と同年2月15日に「資金不足」を理由とする不渡を出し、電子交換所により取引停止処分を受けた。X銀行Y支店の担当者がA社に連絡をとろうとしたが、電話は不通で、届出住所を訪問しても、事務所は閉鎖されて誰もいない状態となっていた場合について、当座勘定取引契約の解約または終了に関する次の記述のうち、最も不適切なものはどれか。

1）A社が1回目の不渡を出す前の時点で、X銀行Y支店が当座勘定取引契約の解約通知をA社の届出住所に宛てて発信した場合、当該通知が延着しまたは到達しなかったときでも、通常到達すべき時に到達したものとみなされ、解約の効力が生じる。

2）A社が1回目の不渡を出した時点で、X銀行Y支店が当座勘定取引契約の解約通知をA社の届出住所に宛てて発信した場合、当該通知の到達の如何にかかわらず、当該通知を発信した時に解約の効力が生じる。

3）A社が取引停止処分を受けた時点で、X銀行Y支店が当座勘定取引契約の解約通知をA社の届出住所に宛てて発信した場合、当該通知の到達の如何にかかわらず、当該通知を発信した時に解約の効力が生じる。

4）A社が取引停止処分を受けた後、X銀行Y支店が当座勘定取引契約の解約通知をA社の届出住所に宛てて発信する前に、A社が破産手続開始決定を受けた場合、A社が破産手続開始決定を受けたことにより当座勘定取引契約は終了する。

・解説と解答・

1）適切である（当座勘定規定ひな型23条2項）。

2）不適切である。1回目の不渡を理由とする解約通知は、取引停止処分を理由とするものではない通常の解約通知であるから、到達時または通常到達すべき時に解約の効力が生じる（当座勘定規定ひな型23条2項）。

3）適切である（当座勘定規定ひな型23条3項）。

4）適切である（民法653条2号）。　　　　　　　　　　　<u>正解　2）</u>

第 2 章

手形・小切手、電子交換制度、電子記録債権等

2-1　手形の満期

《問》手形の満期に関する次の記述のうち、最も不適切なものはどれか。
1）「満期日Ｘ年2月30日」と、満期日が実際には存在しない日となっている場合、当該手形は無効である。
2）「振出日Ｘ年4月15日」、「満期日Ｘ年3月30日」と、満期日が振出日より前の日となっている場合、当該手形は無効である。
3）統一手形用紙で、印刷された満期欄が白地の場合、実務上は、満期日が白地の手形として取り扱う。
4）統一手形用紙で、印刷された満期欄が二重線で抹消されている場合、実務上は、一覧払の手形として取り扱う。

・解説と解答・

1）不適切である。確定日払の満期は暦にある日を記載する必要があるが、「11月31日」や「2月30日」のような記載は、月末日と解しうるので、無効ではないとされる（最判昭44.3.4民集23巻3号586頁・金法544号25頁）。
2）適切である。満期の日として振出日より前の日が記載されている手形は、手形要件が相互に矛盾するものとして無効となる（最判平9.2.27民集51巻2号686頁・金法1491号62頁）。
3）適切である。統一手形用紙では満期欄に「　年　月　日」と印字されているが、振出人が積極的に「　年　月　日」の印字を抹消している場合を除き、満期欄の空欄は受取人等に補充させる意図と考えられるので、満期日白地の手形として扱う。他方、積極的に印字が抹消されている場合は、確定日払から一覧払に振出人が満期を訂正したものと考えられるので、確定日払手形における一覧払の手形として扱う。
4）適切である。3）を参照。

正解　1）

2 - 2　振出人の署名

《問》振出人の署名に関する次の記述のうち、最も適切なものはどれか。
1) 手形法上の署名とは、個人の場合には自署したうえで捺印すること
　　をさし、それ以外の方法は認められていない。
2) 法人の署名の場合、法人名の記載および捺印をすれば足り、代表者
　　名等はなくてもさしつかえない。
3) 個人の署名の場合、印章に代えて拇印を押すことは、捺印には当た
　　らないとされる。
4) 法人の署名の場合、代表者印として登録された実印を捺印する必要
　　があり、認印や銀行届出印による捺印は、手形法上でも実務上でも
　　認められない。

・解説と解答・

1) 不適切である。手形の振出にあたっては振出人の署名を要するが（手形法
　　1条8号、75条7号）、同法82条は「本法において署名とあるは記名捺印
　　を含む」と定めているので、自署のほか記名捺印でもよい。なお、自署の
　　場合、同法上は捺印は不要であるが、当座勘定規定においては、印鑑の届
　　出が義務付けられており（同規定ひな型14条）、実務上、銀行はその届出
　　印の押捺がなければ支払を行わない。

2) 不適切である。法人の行為は、当該法人の代表機関が行う必要があり、単
　　に法人名だけでは適切な代表権限のある者が手形行為を行ったのかどうか
　　がわからないため、必ず代表者の肩書、代表者名等を記載する必要があ
　　る。なお、判例によれば、法人名の記載と法人の押捺だけで、代表者の署
　　名を欠くものは、法人の署名として無効であるとしている（最判昭41.9.
　　13民集20巻7号1359頁・金法458号8頁）。

3) 適切である。判例によれば、印章に代えて拇印を押すことについて、その
　　鑑別が容易でないことから転々流通する手形の性質上許されないとして、
　　捺印には当たらないとしている（大判昭7.11.19民集11巻2120頁）。

4) 不適切である。手形法上は、押捺する印章についての制限はなく、実印、
　　銀行届出印、認印のいずれでもよい。ただし、実務上は手形の振出人等が
　　取引先であることの確認のため、銀行への印鑑の届出が義務付けられ（当
　　座勘定規定ひな型14条）、銀行はその届出印を照合して支払を行うことに

40

なる。

正解　3）

2－3　受取人欄白地の手形の効力

《問》統一手形用紙を使用した受取人欄の記載のない手形の効力に関する
次の記述のうち、最も適切なものはどれか。
1）受取人の記載は手形要件なので、受取人欄の記載のない手形は、手
形要件が欠けている手形として支払を受けることはできない。
2）記載のない受取人欄を補充できる権限を有するのは、手形振出人に
限られる。
3）記載のない受取人欄に手形所持人が受取人名を誤って記載したため
に、それを訂正する場合、手形振出人の訂正印がなければ、その手
形は裏書の不連続となる。
4）記載のない受取人欄への受取人名の記載は、支払呈示期間経過後で
あっても、約束手形の振出人との関係では、満期から3年以内に行
えば、手形上の権利行使に問題はない。

・解説と解答・

1）不適切である。手形要件を欠いている点では、完成された手形とはいえな
いが、後日所持人に補充させる趣旨で振り出された未完成の手形である白
地手形と解され、実務上は支払を受けることができる（当座勘定規定ひな
型17条1項）。ただし、白地のままでの支払呈示は、手形法に定める支払
呈示の効力は認められず、不渡となった場合には裏書人や振出人への遡求
権の行使はできない。
2）不適切である。1）のとおり、白地手形は、後日手形の所持人に白地を補
充する権限を振出人が与えて流通させている手形と考えられるので、白地
補充権は振出人だけでなく、所持人等にも認められる。
3）不適切である。実務上は、補充された白地に訂正がある場合、振出人の訂
正印をもらうことがあるが、法律上、訂正方法についての制限はない。
4）適切である。手形振出人との関係では、手形所持人は手形金の請求権が時
効で消滅する前であれば白地を補充して手形金を請求できる。したがって、
消滅時効期間である満期日から3年以内に白地を補充して手形金を請求す
ればよい（手形法70条1項、77条1項8号）。

正解　4）

2−4　代金取立手形

> 《問》取立委任裏書のなされた代金取立手形に関する次の記述のうち、最
> も不適切なものはどれか。
> 1）取立委任裏書により手形を所持することになった取立受任者は、原
> 　　則として、手形より生じるいっさいの権利を行使することができ
> 　　る。
> 2）取立受任者は、再取立委任裏書のほか、通常の裏書譲渡をすること
> 　　もできる。
> 3）手形債務者が取立受任者に対して主張できる抗弁は、取立受任者に
> 　　取立てを依頼した裏書人に対して主張することができる抗弁に限ら
> 　　れる。
> 4）取立受任者に取立てを依頼した裏書人が死亡しても、取立受任者に
> 　　与えられた取立てのための代理権は消滅しない。

・解説と解答・

1）適切である。取立委任裏書により代理権授与的効力が生じ、取立受任者は
　手形取立の代理権を取得し、手形より生じるいっさいの権利を行使するこ
　とができる（手形法18条1項、77条1項1号）。

2）不適切である。手形取受任者は手形より生じるいっさいの権利を行使す
　ることができるが、裏書については、再取立委任裏書しかできない（手形
　法18条1項但書、77条1項1号）。

3）適切である（手形法18条2項、77条1項1号）。

4）適切である。通常の代理権とは異なり、委任者である裏書人の死亡または
　裏書人が行為能力制限を受けたことにより代理権は消滅しない（手形法18
　条3項、77条1項1号）。

正解　2）

2 － 5　手形要件

《問》約束手形の記載事項に関する次の記述のうち、最も適切なものはど
れか。
1 ）第三者方払文句は、必要的記載事項である。
2 ）手形金の分割払いの記載は、無益的記載事項である。
3 ）受取人の記載は、有益的記載事項である。
4 ）確定日払手形の利息文句は、無益的記載事項である。

・解説と解答・

1 ）不適切である。手形は厳格な要式証券であり、手形要件（必要的記載事
項）を欠く手形は、原則として無効となる（手形法75条）。手形要件以外
の記載事項として、任意的記載事項（有益的記載事項）、無益的記載事項、
有害的記載事項の 3 つがある。第三者方払文句は任意的記載事項であり、
記載があるとその記載どおりの効力が生じる（同法 4 条、77条 2 項）。

2 ）不適切である。手形金の分割払いは有害的記載事項であり、記載するとそ
の手形自体が無効になる（手形法33条 2 項、77条 1 項 2 号）。

3 ）不適切である。受取人は、手形要件（必要的記載事項）である（手形法75
条 5 号）。

4 ）適切である。確定日払手形の利息文句は、無益的記載事項であり、記載が
あっても記載がないものとして扱われる（手形法 5 条 1 項、77条 2 項）。

正解　4 ）

2－6　裏書の連続

《問》Xは振出人をA、受取人をBとする約束手形を所持している場合について、次のうち裏書が連続していないものはどれか。

1）第1裏書は「裏書人B→被裏書人C」、第2裏書は「裏書人C→被裏書人D」、第3裏書は「裏書人D→被裏書人X」となっている場合

2）第1裏書は「裏書人B→被裏書人C」、第2裏書は「裏書人C→被裏書人D」、第3裏書は「裏書人D→被裏書人X」となっているが、実は、第2裏書は、Cから手形を盗んだDが偽造したものであった場合

3）第1裏書は「裏書人B→被裏書人C」、第2裏書は「裏書人C→被裏書人D」、第3裏書が「裏書人D→被裏書人X」となっているが、第2裏書が全部抹消されている場合

4）第1裏書は「裏書人B→被裏書人白地」、第2裏書は「裏書人C→被裏書人X」となっている場合

・解説と解答・

1）裏書が連続している。裏書の連続（手形法16条1項、77条1項1号）の有無は、手形上の記載により外形的・形式的に判断される。1）の選択肢では、手形の記載上、受取人から最後の被裏書人に至るまで各裏書の記載が間断なく続いていることから、裏書が連続しているといえる。

2）裏書が連続している。裏書の連続は、形式的に手形の記載の上で連続していることをもって必要かつ十分であり、裏書が真正なものかどうかは問うところではなく、中途に偽造の裏書が介在していても裏書の連続を欠くものではない（最判昭38.5.21民集66号113頁・最判昭39.2.13民集72号161頁等）。

3）裏書が連続していない。第2裏書は全部抹消されており、記載がなかったものとみなされるので（手形法16条1項3文、77条1項1号）、裏書は連続していない。

4）裏書が連続している。被裏書人の名称を記載しないでする裏書も白地式裏書として有効である（手形法13条2項、77条1項1号）。

正解　3）

2 - 7　支払呈示期間

《問》確定日払の約束手形における支払呈示期間等に関する次の記述のう
ち、最も不適切なものはどれか。
1）その約束手形の支払呈示期間は、支払をなすべき日およびこれに次
ぐ2取引日内である。
2）その約束手形に記載された支払期日が法定の休日に当たる場合、支
払をなすべき日は、それに次ぐ取引日となる。
3）手形法上の休日に土曜日は含まれないが、全国銀行協会の申合せに
より、土曜日も手形法上の休日と同様に取り扱われている。
4）支払呈示期間内にその約束手形を支払呈示しなかった場合でも、振
出人の支払義務が消滅時効にかかるまでの間に手形振出人に対して
支払呈示すれば、手形所持人は手形金を請求することができる。

・解説と解答・

1）適切である（手形法38条1項、77条1項3号）。

2）適切である（手形法72条1項、77条1項9号）。

3）不適切である。手形法では、「休日とは祭日、祝日、日曜日その他の一般
の休日及び政令をもって定むる日」とし（同法87条）、それに基づき、政
令（手形法第八十七条及び小切手法第七十五条の規定による休日を定める
政令）により土曜日と12月31日は休日と定められているので、土曜日も同
法上の休日に当たる。

4）適切である。手形は呈示証券であることから、権利行使のためにはその約
束手形を振出人に呈示しなければならない。しかし、約束手形の振出人は
自らその手形の支払を約束した者であって、その支払呈示期間内において
支払呈示がなされなかったからといって、その債務が消滅するわけでも、
所持人の権利が消滅するわけでもない。所持人の振出人に対する手形金の
請求権は、満期日から3年間という時効が完成するまで（厳密には時効が
援用されるまで）存続している（手形法70条1項、77条1項8号）。

　なお、支払呈示期間内に適法な支払呈示がなされたにもかかわらず支払
がなされなかった場合、手形振出人に付遅滞（振出人を債務不履行状態に
陥らせること）の効力が生じ、利息の支払義務が生じる（手形法28条2
項、48条1項2号、78条1項）。　　　　　　　　　　　　　　<u>正解　3）</u>

2－8　手形・小切手の支払呈示

《問》手形・小切手の支払呈示に関する次の記述のうち、最も適切なもの
はどれか。

1）小切手は一覧払とされており、先日付小切手については、小切手に
記載されている振出日より前に小切手を支払呈示することができな
い。

2）小切手法上、小切手の支払呈示期間内は、支払委託の取消しができ
ない。

3）国内において振り出され、かつ支払われる小切手の支払呈示期間
は、振出日を含めて10日間であり、呈示期間中に休日があると、そ
の分だけ支払呈示期間が延長される。

4）確定日払の約束手形の支払呈示期間は支払をなすべき日およびこれ
に次ぐ2取引日であるが、支払呈示期間内に支払呈示をしなくて
も、所持人は振出人および裏書人に対する権利を失うことはない。

・解説と解答・

1）不適切である。手形と異なり、小切手は法律上一覧払とされ、それに反す
る記載は無効とされる（小切手法28条1項）。実際に振り出した日よりも
先の日付を振出日として記載した先日付小切手においては、この小切手の
一覧払性から、その振出日として記載された日よりも前に支払呈示された
場合でも、支払人はその呈示された日に支払う必要がある（同条2項）。

2）適切である（小切手法32条1項）。なお、小切手の支払人は、支払呈示期
間経過後であっても、支払委託の取消しがない限り、その小切手金を支払
うことができる（同条2項）。

3）不適切である。国内において振り出され、かつ支払われるべき小切手の支
払呈示期間は10日間とされている（小切手法29条1項）。そして、その起
算日は振出の日として記載された日とされるものの（同条4項）、期間の
計算においてはその初日は算入しないこととされていることから（同法61
条）、振出日を入れて11日間となる。また、呈示期間中に休日があっても
その期間は伸長されず、その期間の満了日が休日の場合だけ、それに次ぐ
第一の取引日まで伸長される（同法60条2項）。

4）不適切である。一覧払手形を除く、手形の支払呈示期間は、支払をなすべ

き日（満期日）およびこれに次ぐ2取引日の3日間である（手形法38条1項、77条1項3号）。約束手形の振出人は絶対的支払義務を負っていることから、支払呈示期間内に支払呈示がなかったとしても、時効で債務が消滅するまでその債務を免れることはできないが、裏書人は遡求義務を負うだけであって、その遡求義務の保全のためには、適法な支払呈示が要件となっていることから、支払呈示期間内に支払呈示がなければ、手形の所持人は裏書人に対する遡求権を失うことになる（同法53条1項、77条1項4号）。

正解　2）

2-9 不渡事由・不渡情報登録（Ⅰ）

《問》不渡事由と不渡情報登録の関係に関する次の記述のうち、最も不適
切なものはどれか。
1）第1号不渡事由と偽造（第2号不渡事由）が重複する場合は、第2
号不渡情報登録を要する。
2）0号不渡事由を理由とする場合は、不渡情報登録は不要である。
3）第1号不渡事由と詐取（第2号不渡事由）が重複する場合は、第2
号不渡情報登録を要する。
4）「取引なし」（取引停止処分中の者に係る不渡を除く）を理由とする
場合は、第1号不渡情報登録を要する。

・解説と解答・

1）適切である。不渡事由が重複する場合、①0号不渡事由と第1号不渡事由
または第2号不渡事由が重複するときは、0号不渡事由が優先する。②第
1号不渡事由と第2号不渡事由が重複するときは、第1号不渡事由が優先
する。③第1号不渡事由と偽造または変造（第2号不渡事由）が重複する
ときは、偽造・変造が優先する（電子交換所規則施行細則33条2項）。
2）適切である（電子交換所規則施行細則33条1項1号）。
3）不適切である。第1号不渡事由と詐取（第2号不渡事由）が重複する場合
は、第1号不渡情報登録を要する（電子交換所規則施行細則33条2項2
号）。
4）適切である（電子交換所規則施行細則33条1項2号）。

<u>正解　3）</u>

2－10　不渡事由・不渡情報登録（Ⅱ）

《問》不渡事由と不渡情報登録に関する次の記述のうち、最も不適切なものはどれか。

1）不渡事由が「資金不足かつ形式不備」のときは、不渡情報登録は不要である。
2）不渡事由が「資金不足かつ契約不履行」のときは、第2号不渡情報登録を要する。
3）不渡事由が「依頼返却」のときは、不渡情報登録は不要である。
4）不渡事由が「金額欄記載方法相違」のときは、第2号不渡情報登録を要する。

・解説と解答・

1）適切である。「資金不足」は第1号不渡事由で、「形式不備」は0号不渡事由である。0号不渡事由は、第1号不渡事由および第2号不渡事由に優先するので、不渡情報登録は不要である（電子交換所規則施行細則33条1項、2項）。

2）不適切である。「契約不履行」は第2号不渡事由である。第1号不渡事由は第2号不渡事由に優先するので、第1号不渡情報登録をする。ただし、第1号不渡事由と「偽造」または「変造」が重複するときは、偽造・変造が優先し、第2号不渡情報登録をする（電子交換所規則施行細則33条1項、2項）。

3）適切である。「依頼返却」は支払呈示の撤回であり、0号不渡事由に該当するので不渡情報登録は不要である（電子交換所規則施行細則33条1項1号③）。

4）適切である。0号不渡事由および第1号不渡事由以外の事由は、すべて第2号不渡事由であり、第2号情報登録を要する（電子交換所規則施行細則33条1項3号）。

正解　2）

2－11　不渡情報登録

《問》不渡情報登録に関する次の記述のうち、最も適切なものはどれか。
1）銀行は、当座勘定取引先が申し出た不渡事由が真実であるかどうか
　を確認する義務がある。
2）行内交換手形が不渡となったときは、不渡情報登録は任意である。
3）手形の不渡があったときは、当該手形の支払銀行は所定の時限まで
　に不渡情報登録を行い、持出銀行は、所定の時限までに当該登録さ
　れた情報を確認し、必要な情報を登録しなければならない。
4）手形・小切手以外の証券が不渡となった場合にも、不渡情報登録を
　する。

解説と解答

1）不適切である。銀行にとって、当座勘定取引先が申し出た不渡事由の真偽
　の確認は困難であり、明らかに虚偽とわかるような場合を除き、真実であ
　ることを確認する義務はない。
2）不適切である。行内交換手形が不渡となった場合、支払銀行には不渡情報
　登録が義務付けられている（電子交換所規則施行細則31条1項2号）。
3）適切である。手形の不渡があった場合、当該手形の支払銀行は交換日の翌
　営業日の午前11時までに不渡情報登録を行い、持出銀行は、交換日の翌々
　営業日の午前9時30分までに当該登録された情報を確認し、必要な情報を
　登録することが求められている（電子交換所規則40条1項、2項、同施行
　細則32条）。なお、持出銀行が同時刻までに確認を行わなかったときは当
　該確認を行ったものとみなす。
4）不適切である。不渡情報登録の対象となる証券類は、手形・小切手だけで
　ある（電子交換所規則39条1項、40条1項）。

正解　3）

2－12　依頼返却時の支払銀行の対応

《問》A社は、取引先B社から商品販売代金の支払としてC社振出の手形を受け取ったので、取引銀行であるX銀行に持ち込み、当該手形の取立てを依頼した。手形期日近くになって、当該手形の支払呈示を待ってほしい旨のC社からの連絡が、B社経由でA社に入った。そこで、A社は、X銀行に当該手形の組戻しを依頼したところ、X銀行は既に手形交換に持ち出していたため、「時間的に間に合わないので、依頼返却にします」との回答があった。この場合について、持出銀行から依頼返却の要請を受けた支払銀行の対応に関する次の記述のうち、最も適切なものはどれか。

1）持出銀行からの依頼返却の要請に従い、0号不渡とする。

2）持出銀行からの要請があっても、既に支払呈示されているので依頼返却に応じることはできず、支払口座に支払資金があれば決済する必要がある。

3）持出銀行からの要請があっても、既に支払呈示されているので依頼返却に応じることはできず、支払口座に支払資金がなければ第1号不渡とする必要がある。

4）持出銀行からの要請があっても、既に支払呈示されているので依頼返却に応じることはできず、持出銀行の要請を手形支払人に伝え、支払人の了解があれば第2号不渡とする。

・解説と解答・

　電子交換所規則施行細則28条1項では、「参加銀行は、持出手形について、規則第21条に定める持出取消の時限後に、別途支払済、その他真にやむを得ない理由のため返却を希望する場合は、持帰銀行と協議して、不渡返還を行うように依頼することができる」と定めており、また、依頼返却の場合は0号不渡事由に該当する（同細則33条1項1号③）ため、1）が適切である。

正解　1）

2-13 取引停止処分

《問》取引停止処分に関する次の記述のうち、最も適切なものはどれか。

1) 1回目の不渡情報登録に係る手形の交換日から6カ月後の応当日の前日までの日を交換日とする2回目の不渡情報登録がされたときは、原則として取引停止処分に付される。

2) 1回目の不渡情報登録によって不渡報告に掲載され、その交換日から6カ月後の応当日の前日までに第1号不渡情報登録がされた場合、1回目が第2号不渡情報登録であれば、取引停止処分にはならない。

3) 同一交換日に複数行から不渡情報登録がされた場合、各行の不渡情報登録がそれぞれ1回と計算され、直ちに取引停止処分の対象となる。

4) 取引停止処分を受けた者は、取引停止処分日から起算して2年間、参加銀行と当座勘定取引を行うことはできなくなるが、その他の取引についての制約はない。

・解説と解答・

1) 適切である。不渡報告に掲載された者について、その不渡情報登録に係る手形等の交換日から起算して6カ月後の応当日の前日までの日（応当日がない場合には月末日）を交換日とする手形等に係る2回目の不渡情報登録がされたときは、不渡情報登録に対して異議申立てが行われた場合等を除いて、取引停止処分に付される（電子交換所規則42条1項）。

2) 不適切である。第2号不渡事由により第2号不渡情報登録がされた場合でも、異議申立てが行われなければ不渡報告に掲載され、その後6カ月後の応当日の前日（応当日がない場合には月末日）までに第1号不渡情報登録がされれば、取引停止処分に付される。

3) 不適切である。同一交換日に係る不渡情報登録が複数件あった場合、それは1回として取り扱われる（電子交換所規則施行細則32条5項）。

4) 不適切である。取引停止処分を受けた者は、取引停止処分日から起算して2年間は、参加銀行（交換所の事業に参加する者）との当座勘定取引だけでなく貸出取引（債権保全のための貸出は除く）も原則として行うことができない（電子交換所規則39条2項）。 <u>正解　1）</u>

2-14　異議申立制度

《問》電子交換所における異議申立制度に関する次の記述のうち、最も不適切なものはどれか。

1）異議申立ては、支払銀行が振出人等から異議申立の対象とする手形金相当額の金銭の預入れを受けなければすることができない。
2）支払銀行は、第1号不渡事由の不渡情報登録に対し、交換日の翌々営業日の午後3時までに異議申立てをすることができる。
3）異議申立てに係る不渡手形について振出人等に当該不渡手形金額全額の支払義務のあることが裁判により確定した場合には、持出銀行は、支払義務確定届を電子交換所に提出することができる。
4）不渡事由が裏書不備の場合、異議申立てをすることができない。

・解説と解答・

1）適切である（電子交換所規則45条2項）。
2）不適切である。支払銀行は、第2号不渡事由の不渡情報登録に対し、交換日の翌々営業日の午後3時までに異議申立をすることができる（電子交換所規則45条1項）。
3）適切である（電子交換所規則施行細則41条）。
4）適切である。異議申立てができるのは第2号不渡事由の場合に限られており、裏書不備は0号不渡事由である（電子交換所規則45条、電子交換所規則施行細則33条1項1号）。

正解　2）

2−15 手形抗弁（Ⅰ）

《問》手形抗弁に関する次の記述のうち、最も適切なものはどれか。
1) 人的抗弁は、誰に対しても主張できる抗弁で、物的抗弁は、特定の
　者に対してだけ主張できる抗弁である。
2) 無担保裏書は、その裏書人における手形抗弁としては物的抗弁とな
　る。
3) 手形面に記載された一部支払文言は、手形抗弁としては人的抗弁と
　なる。
4) 契約不履行は、手形抗弁としては物的抗弁となる。

・解説と解答・

　手形の支払を拒絶する抗弁を手形抗弁といい、大きく分けて物的抗弁と人的
抗弁の2種類がある。物的抗弁は、支払を請求された者がすべての手形関係者
に対して主張できる抗弁である。一方、人的抗弁は、支払を請求された者が特
定の手形関係者に対してだけ主張できる抗弁であり、手形の流通性を確保する
ために、その主張が認められる場合は制限され、人的抗弁の制限（切断）とい
われるものである。
1) 不適切である。物的抗弁は、誰に対しても主張できる抗弁で、人的抗弁
　は、特定の者に対してだけ主張できる抗弁である。
2) 適切である。無担保裏書は、手形面上明白でもあり、その裏書人において
　は物的抗弁となる。
3) 不適切である。手形面に記載された一部支払文言は、手形面上明白でもあ
　り、物的抗弁となる。
4) 不適切である。契約不履行は、手形面上明瞭でなく、原因関係である契約
　の当事者等に対してだけ主張できる人的抗弁となる。

正解　2)

2−16 手形抗弁（Ⅱ）

《問》手形抗弁に関する次の記述のうち、最も不適切なものはどれか。
1）偽造であるとの主張は、人的抗弁である。
2）強迫による振出を取り消すとの主張は、人的抗弁である。
3）手形の所持人からのその手形を別の受取人から窃取したものである との主張は、人的抗弁である。
4）手形所持人の振出人に対する手形上の権利が時効消滅しているとの 主張は、物的抗弁である。

・解説と解答・

1）不適切である。偽造の抗弁は、自己に支払義務のない手形であると主張するものであり、いかなる所持人に対しても主張可能な物的抗弁である。

2）適切である。振出をはじめとする手形行為について、意思表示の欠缺あるいは瑕疵が存在する場合、その欠缺あるいは瑕疵の存在を知らない第三者を保護するとの結論はほとんど変わらないものの、その理論構成は、いかなる手形理論を採用するかとも関連して種々存在する。ただし、判例は、強迫による手形行為取消しの抗弁は、人的抗弁になると判断している（最判昭26.10.19民集5巻11号612頁）。

3）適切である。例えば、受取人Aから手形を窃取したうえ、自己を被裏書人とする裏書を偽造して手形を所持しているBは、形式的には権利者であっても、その手形の正当な所持人であるとはいえず、手形権利移転の面に瑕疵があることとなる。そのため、振出人はBが権利者でないことを主張して、支払を拒むことができ、これを無権利の抗弁という。また、無権利者であるBから裏書譲渡を受けた者も、善意取得でない限り、手形上の権利を取得する理由はなく、それらの者に対して無権利であることを抗弁として主張できるものの、Bがさらに善意無過失のCにその手形を裏書譲渡してCが善意取得すると、振出人はCに対してはその抗弁を主張できなくなる。その意味では、この抗弁も人的抗弁といえる。ただし、前述のように無権利者から裏書譲渡を受けても権利者となるわけではないため（善意取得を除く）、無権利の抗弁においては通常の人的抗弁のように抗弁の制限（切断）は問題とはならない。

4) 適切である。振出人に対する手形上の権利が時効消滅すると、振出人の手形上の債務が消滅することから、遡求義務者の遡求義務も消滅するため、すべての手形関係者に対して主張可能な物的抗弁となる。

<u>正解　1）</u>

2−17　融通手形

《問》融通手形の説明に関する次の記述のうち、最も適切なものはどれ
か。
1）商取引の裏付けのない手形のうち、資金のない者同士が割引に持ち
込むためにお互いに手形を振り出し合う形式の手形のみを特に融通
手形という。
2）被融通者が割引をせずに、満期日に支払呈示をした場合、融通者は
資金を融通するために振り出した以上、融通手形であることを理由
に支払を拒絶することはできない。
3）被融通者から手形を取得した第三者（所持人）が、融通手形である
ことを知って手形を取得した場合、手形支払人は融通手形であるこ
とを理由に所持人への支払を拒絶することができる。
4）一般に、銀行は手形が融通手形であることを知って、当該手形を割
り引くことはない。

・解説と解答・

1）不適切である。お互いに手形を振り出し合う形態だけでなく、融通者が一
方的に被融通者に約束手形を振り出し、割引に供させる形態等もある。
2）不適切である。融通手形の当事者間では、通常の人的抗弁と同様に融通手
形であることを理由に所持人への支払を拒絶することができる（最判昭
46.2.23金判256号 2 頁）。
3）不適切である。被融通者から手形を取得した第三者（所持人）が、融通手
形であることを知って手形を取得した場合であっても、原則として、手形
支払人は融通手形であることを理由に所持人への支払を拒絶することはで
きない（最判昭34.7.14民集13巻 7 号978頁）。
4）適切である。商取引の裏付けがないため、商業手形に比べて融通手形は不
渡となる可能性が格段に高いことから、通常、銀行が融通手形と知って割
り引くことはない。

正解　4）

2−18　公示催告・除権決定の手続

> 《問》約束手形の公示催告・除権決定の手続に関する次の記述のうち、最
> も適切なものはどれか。
> 1 ）公示催告の申立ては、手形を最後に所持していた者の依頼により約
> 束手形の振出人が行う。
> 2 ）公示催告の申立ては、約束手形の券面上に表示された支払地を管轄
> する地方裁判所に対して行う。
> 3 ）約束手形を第三者が取得している可能性がないときは、公示催告手
> 続を省略して直ちに除権決定を申し立てることができる。
> 4 ）除権決定は、官報に掲載して公告しなければならない。

・解説と解答・

1 ）不適切である。公示催告の申立ては、手形の最終所持人が行う（非訟事件
手続法114条 1 号）。
2 ）不適切である。公示催告の申立ては、有価証券上に表示された義務履行地
（手形または小切手の場合は支払地）を管轄する簡易裁判所に申し立てる
（非訟事件手続法115条 1 項）。
3 ）不適切である。除権決定を得るためには、公示催告手続を経なければなら
ない（非訟事件手続法106条）。
4 ）適切である（非訟事件手続法107条）。

正解　4 ）

2－19　電子記録債権（Ⅰ）

《問》電子記録債権に関する次の記述のうち、最も不適切なものはどれ
　　か。
　1）電子記録債権は、手形に代替する決済手段としての活用、一括決済
　　　方式への活用、シンジケート・ローンの融資契約への活用等が考え
　　　られる。
　2）電子記録債権は、電子債権記録機関が電子データとして管理するた
　　　め、手形のような盗難や紛失のリスクがなく、指名債権のような二
　　　重譲渡のリスクがない。
　3）電子記録債権は、電子記録債権を発生させる原因債権とは別個の債
　　　権であり、原因債権が無効とされたり、取り消されても、当該電子
　　　記録債権の発生および効力に影響を与えない。
　4）電子記録債権について支払がされた場合、電子記録債権の債務者と
　　　債権者との共同申請に基づき、電子債権記録機関が記録原簿に支払
　　　記録をした時点で電子記録債権が消滅する。

・解説と解答・

1）適切である。
2）適切である。
3）適切である。
4）不適切である。電子記録債権について支払がされた場合、支払記録がなさ
　　れていなくても、その支払の時点で同債権は消滅する。ただし、第三者と
　　の関係では、その支払による債権消滅の主張は人的抗弁となる（電子記録
　　債権法20条1項、21条）。

正解　4）

2-20 電子記録債権（Ⅱ）

《問》全国銀行協会が設立した電子債権記録機関である株式会社全銀電子
債権ネットワーク（以下、「でんさいネット」という）の電子記録
債権（以下、「でんさい」という）に関する次の記述のうち、最も
適切なものはどれか。
1) でんさいの発生、譲渡等は、記録日から起算して7銀行営業日の間
は、発生、譲渡等の記録請求をした者の相手方が単独で取り消すこ
とができる。
2) 利用者には、1法人（個人事業主である場合には1人）につき、1
つの利用者番号が付与され、複数の窓口金融機関を利用する場合で
あっても、利用者番号は1つ（同一）である。
3) でんさいを発生させる際の債権金額は1万円以上10億円未満で、1
円単位で設定でき、また、でんさいの支払期日は、電子記録年月日
から起算して7銀行営業日経過した日以降で10年後の応当日までの
範囲で設定できる。
4) でんさいを譲渡する場合は、原則として、当該譲渡者が保証する旨
の特段の意思表示をしない限り、保証記録は行われない。

・解説と解答・

1) 不適切である。でんさいの発生、譲渡等は、記録日から起算して5銀行営
業日の間は、発生、譲渡等の記録請求をした者の相手方が単独で取り消す
ことができるが、当該期間を経過した場合は、「でんさいの記録内容の変
更」の手続が必要となる。
2) 適切である。利用者番号とは、利用者を特定するためにでんさいネットが
付与する9桁の番号で、電子記録の請求等、でんさいネットを利用する際
に必要となる。利用者が複数の窓口金融機関を通じてでんさいネットを利
用する場合でも、利用者番号は1法人（個人事業主である場合には1人）
につき1つで、法人顧客で本社と支社とで異なる窓口金融機関を利用され
る場合でも法人格が同一であれば利用者番号も同じである。
3) 不適切である。債権金額の下限は2023年1月10日に撤廃され、100億円未
満で設定する。
4) 不適切である。でんさいネットでは、手形を裏書譲渡した裏書人が原則と

して遡求義務を負うのと同様に、債権者がでんさいを譲渡する場合、原則として保証記録も併せて記録され、でんさいを譲渡しようとする債権者は、「保証しない」という特段の意思表示をしない限り、保証記録請求も併せて行ったものとして記録される（株式会社全銀電子債権ネットワーク業務規程 2 条10号、31条 2 項）。

正解　2 ）

2 −21　電子交換所

> 《問》電子交換所における手形・小切手の交換決済に関する次の記述のうち、最も不適切なものはどれか。
>
> 1 ）参加銀行は、原則として、交換日の前営業日までに持出を行うが、交換日の前営業日までの持出が困難な場合は、交換日当日の午前 8 時30分まで持出を行うことができる。
>
> 2 ）持出銀行が所定の時限までに手形の持出を行い、かつ、交換日が到来した場合には、持出が取り消されたときや持出手形の占有を失ったときなどを除いて、持出銀行は交換日に交換所において持帰銀行に対し、呈示したものとみなされる。
>
> 3 ）電子交換所を経由して交換決済することができるその他の証券の種類は、従来の手形交換所で交換決済されていたものと同じである。
>
> 4 ）取立金融機関は、交換日から起算して 3 カ月後の応当日までは支払後の紙の手形・小切手の現物を保管する必要がある。

・解説と解答・

1 ）適切である（電子交換所規則19条 1 項）。なお、持出銀行は、持帰銀行の承認が得られた場合には、交換日当日の午前 9 時30分まで持出を行うことができる（同条 2 項）。

2 ）適切である（電子交換所規則18条 2 項）。

3 ）不適切である。従来の手形交換所で交換可能であった日本銀行小切手、合衆国関係小切手、国債証券および利札、国庫金送金通知書等の証券は、交換対象外である。

4 ）適切である（電子交換所規則35条）。なお、電子交換所システムに登録された証券イメージおよび証券データは交換日から起算して11年 2 カ月後の応当日の前日まで同システムで保管される（同規則37条）。

正解　3 ）

第 3 章

内国為替、付随業務、有価証券関連業務等

3－1 振込の法的性質

《問》Aは、X銀行に1億円のB宛の振込（被仕向銀行Y銀行）を電信扱いにより依頼した。ところが、X銀行の過失により、本来ならば当日中に可能だったはずのB宛の振込の処理が翌日になってしまった場合について、振込の法的性質に関する次の記述のうち、最も適切なものはどれか。

1）依頼人AとX銀行（仕向銀行）との間には、被仕向銀行に存在する受取人名義の預金口座に振込金を入金する事務を内容とする請負契約が成立する。

2）依頼人AとY銀行（被仕向銀行）との間には、Bを受益者とする第三者のためにする契約が成立する。

3）X銀行とY銀行との間には為替取引契約が締結されており、両銀行の関係は、委任契約における委任者と受任者の関係にある。

4）Y銀行とBとの間には、特段の契約関係は存在せず、Y銀行はBの預金口座に振込金を入金記帳した後であっても、組戻しの依頼があれば、Bの承諾なしに組戻しに応じることができる。

・解説と解答・

1）不適切である。依頼人と仕向銀行間における振込の法的性質は、委任契約または準委任契約（民法643条、656条）であるとするのが判例（東京地判昭41.4.27金法445号8頁、名古屋高判昭51.1.28金法795号44頁ほか）・実務であり、請負契約ではない。

2）不適切である。依頼人と被仕向銀行との間には、特段の契約関係は成立しない。

3）適切である。仕向銀行と被仕向銀行との間には、為替取引契約が締結されており、委任契約を基礎とする関係が成立していることから、被仕向銀行は仕向銀行に対し、受任者として善管注意義務を負う。

4）不適切である。被仕向銀行と受取人との間には、預金契約上の当事者関係があり、預金規定により被仕向銀行が預金口座に振込金の入金記帳を行った後は、預金者には振込金と同額の預金債権が生じる。したがって、預金者の承諾なしに組戻しを行うことはできない。

正解 3）

3－2　振込取引

《問》甲社は取引先の乙社への100万円の売買代金の支払のために、預金
　　取引のあるX銀行Y支店に対して、乙社の普通預金口座のあるS銀
　　行T支店に対する振込を依頼した。振込に関するX銀行Y支店およ
　　びS銀行T支店の取扱いに関する次の記述のうち、最も不適切なも
　　のはどれか。
　1）甲社とX銀行Y支店との振込契約は、X銀行Y支店が振込資金およ
　　　び振込手数料を受領し、X銀行Y支店が振込依頼を承諾した時に成
　　　立する。
　2）振込依頼人である甲社から、受取人である乙社の預金口座へ振込金
　　　が入金されていない旨の照会があった場合は、X銀行Y支店は、そ
　　　の調査および回答の義務を負うこととなる。
　3）X銀行Y支店から受領した振込通知に記載されていた乙社名義の預
　　　金口座がS銀行T支店に存在しない場合、S銀行T支店は乙社に問
　　　合せを行い、S銀行T支店に別の口座があればその口座に入金す
　　　る。
　4）X銀行Y支店から受領した振込通知に記載されていた乙社名義の預
　　　金口座がS銀行T支店に存在しない場合、S銀行T支店は、原則と
　　　してX銀行Y支店に照会して、その回答に従った処理を行う。

・解説と解答・

1）適切である。
2）適切である。
3）不適切である。被仕向銀行であるS銀行T支店は仕向銀行であるX銀行Y
　　支店に対して、振込通知書等によって明示された受取人口座へ入金する義
　　務を負っているのであって、その振込通知書等によって明示された受取人
　　口座と合致する口座が存在しないからといって、自己の判断でその明示さ
　　れた口座と異なる口座に入金処理をすることは、受任者の善管注意義務に
　　反することとなる。
4）適切である。

正解　3）

3 - 3　振込の組戻し

《問》甲社は取引先の乙社への100万円の売買代金の支払のために、預金
　取引のあるＸ銀行Ｙ支店に対して、乙社の普通預金口座のあるＳ銀
　行Ｔ支店に対する振込を依頼した。甲社がＸ銀行Ｙ支店に振込を依
　頼する際、誤って類似する商号の「乙' 社」名義の普通預金口座へ
　の振込依頼をしてしまった場合に関する次の記述のうち、最も適切
　なものはどれか。
1 ）甲社が振込の組戻しをＸ銀行Ｙ支店に依頼した場合、Ｘ銀行Ｙ支店
　が振込通知をＳ銀行Ｔ支店に発信した後であっても、Ｘ銀行Ｙ支店
　の判断で組戻しに応じることができる。
2 ）甲社が振込の組戻しをＸ銀行Ｙ支店に依頼した場合、既にＳ銀行Ｔ
　支店の乙' 社の預金口座に振込金が入金されていたとしても、Ｘ銀
　行Ｙ支店の判断で組戻しに応じることができる。
3 ）甲社が振込の組戻しをＸ銀行Ｙ支店に依頼し、Ｘ銀行Ｙ支店がＳ銀
　行Ｔ支店に対して組戻しを依頼したが、既に乙' 社の預金口座に振
　込金が入金されていた場合でも、Ｓ銀行Ｔ支店の判断で組戻しに応
　じることができる。
4 ）甲社が振込の組戻しをＸ銀行Ｙ支店に依頼し、Ｘ銀行Ｙ支店がＳ銀
　行Ｔ支店に対して組戻しを依頼したが、既に乙' 社の預金口座に振
　込金が入金記帳がなされていた場合であっても、当該振込が先日付
　振込であって、振込指定日の前営業日までであれば、Ｓ銀行Ｔ支店
　の判断で組戻しに応じることができる。

・解説と解答・

1 ）不適切である。振込は振込依頼人と仕向銀行との委任契約であることか
　ら、民法上は、当事者はいつでも解除することができる（民法651条 1
　項)。しかし、委任契約の性質上、委任事務の終了後はその解除はできず、
　振込依頼人と仕向銀行との委任契約は、仕向銀行が被仕向銀行宛に振込通
　知を発信することで終了しているため、Ｘ銀行Ｙ支店が振込通知を発信し
　た後は、振込依頼人は仕向銀行との委任契約を一方的に解除はできない。
　このため、振込依頼人である甲社はＸ銀行Ｙ支店に対して、仕向銀行（Ｘ
　銀行Ｙ支店）と被仕向銀行（Ｓ銀行Ｔ支店）間の委任契約の解除を依頼す

ることになるが、既に振込通知がX銀行Y支店から発信されていることから、S銀行T支店側の問題が発生することとなり、X銀行Y支店の判断のみで組戻しに応じることはできなくなる。

2）不適切である。既に乙'社の口座に入金されており、仕向銀行と被仕向銀行間の委任契約の委任事務も終了していることから、X銀行Y支店のみの判断で委任契約の解除（組戻し）を行うことができない。

3）不適切である。既に乙'社の口座に入金されており、仕向銀行と被仕向銀行間の委任契約の委任事務も終了しているうえ、新たに受取人が被仕向銀行に対して預金債権を取得していることから（最判平成8.4.26民集50巻5号1267頁）、受取人の意向を無視してS銀行T支店のみの判断で組戻しを行うことはできない。

4）適切である。先日付入金処理が乙'社の預金口座になされていても、振込指定日より前であれば当該振込金の預金債権が成立していないので、組戻しに応じることができる。

正解　4）

3－4　振込の取消し

《問》仕向銀行が被仕向銀行に宛てて発信した振込通知の取消しに関する
次の記述のうち、最も適切なものはどれか。

1）仕向銀行が、振込依頼人の依頼内容と異なる内容の振込通知を誤っ
て発信したときは、誤りの内容にかかわらず取消手続により誤発信
内容をなかったものとし、正しい内容の振込通知を発信し直すこと
ができる。

2）振込依頼人により誤って記載された振込依頼書に基づいた振込通知
が行われた場合、仕向銀行は依頼人の求めに応じて振込通知の取消
手続を利用することができる。

3）仕向銀行が振込通知の発信を誤ったときは、誤った内容の電文を発
信した日の翌営業日までに被仕向銀行宛に取消依頼電文を発信しな
いと、取消しを行うことができなくなる。

4）仕向銀行が被仕向銀行に宛てて発信した振込通知について取消手続
を行うことができるのは、金額、取扱日を間違えて発信した場合に
限られている。

・解説と解答・

1）不適切である。振込通知の取消しは、取消しの原因が仕向銀行の事務処理
上の誤りのうち、内国為替取扱規則に定める①重複発信、②受信銀行名・
店名相違、③通信種目コード相違、④金額相違、⑤取扱日相違の5つに起
因する場合に限られる。

2）不適切である。取消手続は、1）に記載の5つの原因による場合に限り利
用できるため、振込依頼人による振込依頼書への誤記が原因で誤振込が生
じた場合は、振込依頼人により組戻依頼手続をとってもらう必要があり、
取消手続は利用できない。

3）適切である。被仕向銀行および受取人への影響と、取引の安定のために、
取消時限が設けられている。

4）不適切である。1）を参照。

正解　3）

3-5　貸金庫（Ⅰ）

《問》AがX銀行Y支店の貸金庫を利用していたところ、Aの債権者Bが
その貸金庫の内容物に対して差押えを行った場合に関する次の記述
のうち、最も不適切なものはどれか。
1）AはX銀行Y支店に対して、貸金庫内容物の引渡請求権を有してい
るので、Bはその引渡請求権を差し押さえる方法により強制執行を
行うことができる。
2）執行官が貸金庫内容物の引渡しを要求した場合、X銀行Y支店は執
行官立会いのもと、貸金庫を開扉して内容物を引き渡す必要があ
る。
3）執行官が貸金庫内容物の引渡しを要求した場合、X銀行Y支店がマ
スターキーによる施錠を解いて副鍵を執行官に交付すれば、その時
点で内容物は執行官に引き渡されたことになる。
4）差押えがなされてから執行官による執行がなされるまでの間に、A
からX銀行Y支店に対して、貸金庫のなかに金銭的価値のないAの
日記があるので取り出したいとの申出があった場合でも、X銀行Y
支店はその申出に応じることはできない。

・解説と解答・

1）適切である。
2）不適切である。銀行は顧客に対して、自ら貸金庫内容物を取り出して顧客
に交付する義務はなく、単に顧客が内容物を取り出せる状況を実現すれば
足りることから、執行官による執行に際しても、当該貸金庫について、銀
行がマスターキーによる施錠を解いて副鍵を執行官に交付すれば足り、こ
とさらに銀行自身が貸金庫を開扉して内容物を引き渡す必要はない（最判
平成11.11.29民集53巻8号1926頁、北川弘治裁判官の補足意見）。
3）適切である。
4）適切である。貸金庫内容物の引渡請求権が差し押さえられた後は、銀行
は、処分を禁じられた顧客の申出に応じることはできない。

正解　2）

3－6 貸金庫（Ⅱ）

《問》個人顧客Aは、X銀行Y支店の長年の取引先であり、A名義で手動式貸金庫の取引を行っている。ある日X銀行Y支店は、裁判所からAを差押債務者とする差押命令の送達を受け、差押えの対象とされている債権は、AがX銀行Y支店に対して有する貸金庫内容物の引渡請求権とされ、差押命令の送達を受けた日の午後に、Aから貸金庫の開扉依頼を受けた。この場合について、Aの貸金庫の開扉依頼に対するX銀行Y支店の対応に関する次の記述のうち、最も不適切なものはどれか。

1）貸金庫内容物の引渡請求権に対する差押命令が取り下げられた後であれば、X銀行Y支店は、Aの開扉依頼に応じてよい。

2）Aの貸金庫の内容物が、社会経済的に全く価値のない記念の物品のみであったとしても、X銀行Y支店は、Aの開扉依頼に応じてはならない。

3）Aの開扉の目的が貸金庫へ新たな物品を格納するだけであることを確認できる場合は、X銀行Y支店は、Aの開扉依頼に応じてよい。

4）X銀行Y支店が執行官に対するAの貸金庫の内容物の引渡しを行った後、執行官から貸金庫内に返戻された動産がある場合、当該動産については差押えによる拘束が解かれているため、X銀行Y支店は、Aの開扉依頼に応じてよい。

・解説と解答・

　判例（最判平11.11.29民集53巻8号1926頁・金法1567号10頁）は、債権者が金融機関に対する債務者の貸金庫契約上の内容物引渡請求権を差し押さえる方法で、内容物につき強制執行をすることが可能であるとした。

　第三債務者たる金融機関は、差押命令の送達を受けると、利用者に対して貸金庫の内容物を引き渡すことが禁止される（民事執行法145条1項）。

　この内容物引渡請求権は貸金庫の内容物全体を対象とする一括引渡請求権であるため、差押命令送達後は、金融機関は利用者からの貸金庫の開扉請求を全面的に拒否しなければならない。

1）適切である。取下げによって差押命令の効力が消滅した後は、従前どおりAとの貸金庫契約に基づく貸金庫取引を行うことができる。

2）適切である。格納物の財産価値が全くないとしても、開扉依頼に応じては
　ならない。

3）不適切である。前述のように開扉自体が禁じられているので、目的如何は
　関係なく、開閉依頼に応じてはならない。

4）適切である。執行官から貸金庫内に返戻された動産については、執行によ
　る拘束を解かれるため、X銀行Y支店はAの求めに応じて、貸金庫をAが
　利用できる状態とすることができる。

正解　3）

3－7 投資信託に係る情報の提供方法

《問》委託者指図型投資信託（MMF および MRF を除く。以下、「投資信託」という）に関する次の記述のうち、最も不適切なものはどれか。

1）投資信託の販売会社は、原則として、顧客が投資信託を購入する前に交付目論見書を顧客に交付する必要があるが、請求目論見書は、顧客からの請求があった場合に交付することとなっている。

2）投資信託の目論見書は、あらかじめ投資家の同意を得たうえで、インターネットでの掲載や電子メールによる送付などの方法により投資家に電子交付することができる。

3）投資信託の運用報告書は、原則として、決算期ごとに運用会社が作成し、販売会社を通じて投資家に交付されるが、毎月決算型投資信託のように決算の計算期間が6カ月未満の投資信託については、運用報告書の作成および交付を6カ月に1度とすることができる。

4）国内の銀行で購入した投資信託は、販売した銀行が破綻した場合であっても預金保険制度による保護の対象とはならないが、一定の上限額までは、日本投資者保護基金による補償の対象となる。

・解説と解答・

1）適切である（金融商品取引法15条2項、3項）。投資信託協会ウェブサイト「投資信託説明書（交付目論見書）とは？」参照。

2）適切である（金融商品取引法27条の30の9、企業内容等の開示に関する内閣府令23条の2第1項）。

3）適切である（投信法14条）。投資信託協会ウェブサイト「情報を得るには」参照。

4）不適切である。銀行などの証券会社以外の金融機関は、日本投資者保護基金の会員ではないため、銀行などで購入した投資信託は日本投資者保護基金の補償対象にはならない（日本投資者保護基金ウェブサイト　Q＆A「銀行など証券会社以外で購入した投資信託は、日本投資者保護基金の補償対象になりますか。」参照）。

<u>正解　4）</u>

3 - 8　適合性の原則および説明義務（Ⅰ）

《問》登録金融機関として金融商品取引業務を行う銀行の投資信託販売に
係る適合性の原則および説明義務に関する次の記述のうち、最も適
切なものはどれか。

1）適合性の原則によれば、投資信託の勧誘および販売は、顧客の知
識、経験、財産の状況に加え、当該投資信託購入の目的に適合した
かたちで行うことが求められる。

2）適合性の原則は、反社会的勢力に対して投資信託の販売を行わない
ことを内容としており、それ以外の銀行の既存顧客には適用されな
い。

3）説明義務は、投資家間の情報量の不平等を解消することが目的であ
るため、同一商品の販売においてはすべての投資家に対して同じ内
容の説明を同水準で実施することが求められる。

4）適合性の原則と説明義務は相互に補完し合う関係にあるため、ある
顧客に対して、適合性の原則からは勧誘、販売すべきではない商品
であっても、特に丁寧に説明義務を尽くすことにより勧誘、販売を
することが可能となる。

・解説と解答・

1）適切である（金融商品取引法40条1号）。

2）不適切である。適合性の原則は、反社会的勢力の排除とは目的が異なる
（金融商品取引法40条1号）。

3）不適切である。説明義務は、「顧客の知識、経験、財産の状況及び当該金
融商品の販売に係る契約を締結する目的に照らして、当該顧客に理解され
るために必要な方法及び程度によるものでなければならない」（金融サー
ビス法4条2項）。

4）不適切である。説明義務の履行にあたっては、個々の投資家によって異な
る知識、経験、財産の状況、投資目的に応じて必要十分な説明を行い、リ
スクに対する理解と納得を得ることが重要である。（狭義の）適合性の原
則を満たさない投資家に対しては、そもそも一定の商品の取引を行っては
ならない。

正解　1）

3－9　適合性の原則および説明義務（Ⅱ）

《問》登録金融機関として金融商品取引業務を行う銀行の投資信託販売に係る説明義務および適合性の原則等に関する次の記述のうち、最も不適切なものはどれか。

1）投資信託とは、投資家が資金を運用者に預け、運用者がその資金を信託銀行経由で株式、債券等で運用して得た利益を、出資の割合に応じて投資家に還元する仕組みの商品で、個人の金融資産運用の有力手段となっている。

2）投資信託は元本割れのリスクのある商品であるので、商品説明にあたっては、顧客の知識、経験、財産状況および取引目的を踏まえ、書面の交付その他の適切な方法によって、商品または取引の内容およびリスクなどの重要事項の説明を行う必要がある。

3）銀行は、投資信託委託会社等の委託を受けて投資信託を販売するだけであり、顧客が投資信託を購入した後、銀行と顧客との間には、直接的な法律関係は残らない。

4）顧客に対して投資信託を販売する際に、十分に説明義務を尽くせば、適合性の原則上、問題となるケースは生じない。

・解説と解答・

1）適切である。

2）適切である（金融商品取引法38条9号、金融商品取引業等に関する内閣府令117条1項1号）。

3）適切である。

4）不適切である。ある商品を販売する際に説明義務を尽くしても、適合性の原則からして当該顧客に対して当該商品を販売してはならないケースも考えられる。

正解　4）

3-10　保険の販売（Ⅰ）

《問》特定保険募集人である銀行による生命保険の窓口販売に関する次の
記述のうち、最も不適切なものはどれか。
1）銀行による生命保険の窓口販売は、顧客に生命保険への加入を勧誘
し、保険契約の申込みを得て保険会社に取り次ぐという「媒介」を
行うものである。
2）銀行が顧客に対して生命保険の募集行為を行うには、生命保険募集
人の登録が必要である。
3）銀行が顧客に商品説明を行って、生命保険加入申込書等の書類を代
理店として受領した時点で、保険契約が成立する。
4）銀行が生命保険の窓口販売を行った場合であっても、保険契約は、
生命保険会社と顧客との間で成立することとなる。

・解説と解答・

1）適切である。生命保険では、銀行は代理権を有せず、媒介を行うのみであ
り、申込みにつき審査した保険者の承諾により契約が成立する。一方で、
損害保険では、損害保険代理店が保険契約の代理権を有し、申込みを承諾
した時に契約が成立する。
2）適切である。生命保険の顧客開拓・勧誘から、商品の説明を経て契約まで
の募集行為を行うには、生命保険募集人の登録が必要である（保険業法
276条）。
3）不適切である。1）を参照。
4）適切である。銀行による生命保険商品の窓口販売は、生命保険会社のため
の保険契約の締結の媒介行為であるから、銀行は保険契約の当事者にはな
らない。

正解　3）

3-11　保険の販売（Ⅱ）

《問》特定保険募集人である銀行の行員Ｘが、顧客に対して生命保険を販
売する場合の弊害防止措置に関する次の記述のうち、最も不適切な
ものはどれか。
1）行員Ｘは、顧客の同意なしに、顧客の預金や融資等の取引に係る情
報を利用して保険募集を行ってはならない。
2）行員Ｘは、融資取引を行っていない顧客に対して生命保険の勧誘を
する際には、当該生命保険契約を締結しないことがほかの銀行取引
等に影響を生じない旨を書面交付により事前に説明をする必要はな
い。
3）行員Ｘは、顧客が契約を締結しようとする生命保険が預金とは異な
ることを十分に説明し、顧客が当該説明内容を理解したことについ
て、書面を用いて確認する必要がある。
4）行員Ｘは、自身が勧誘する生命保険に加入しなければ顧客への貸出
金利を引き上げるというような、銀行の優越的地位を不当に利用し
て保険募集を行ってはならない。

・解説と解答・

1）適切である（保険業法施行規則212条2項1号）。
2）不適切である。銀行が、生命保険の勧誘をする際には、当該生命保険契約
を締結しないことで融資が受けにくくなるなど、銀行取引等に影響が生じ
ない旨を顧客に対して書面交付により事前に説明をすることが義務付けら
れており、当該説明は、保険募集を開始する前に保険募集の対象となるす
べての顧客に対して行う必要がある（保険業法300条1項9号、同法施行
規則234条1項8号）。
3）適切である（銀行法施行規則13条の5、主要行等向けの総合的な監督指針
Ⅲ－3－3－2－2（4）②イ）。
4）適切である（保険業法300条1項9号、同法施行規則234条1項7号）。

正解　2）

3－12　保険業法による生命保険契約や募集に係る禁止行為

《問》保険業法による生命保険契約や募集に係る禁止行為に関する次の記述のうち、最も適切なものはどれか。
1）生命保険募集人が、保険契約者や被保険者に会って、保険会社の作成した設計書などの商品説明が記載された書類を直接交付すれば、その記載内容を説明しなくても、重要事項に関する説明義務違反を免れる。
2）生命保険募集人が、保険契約者や被保険者から聞いた重要事項について、保険契約者や被保険者に対してそれを告知せずに申し込むように勧めることは、禁止行為に該当しない。
3）生命保険の加入時点で確定していない将来の配当金について、金額が未確定であることを明示して予想配当等として表示することも、不確実な事項について確実であると誤解されるおそれのあることを表示する行為として、禁止行為に該当する。
4）ほかの生命保険との比較表示は、各々の長所や短所が公平に説明されて誤解を生じない措置がとられていれば、禁止行為に該当しない。

・解説と解答・

1）不適切である。説明書類を交付するだけでは重要事項に係る説明義務を尽くしたことにはならず、それを活用して十分な説明を行う必要がある（保険業法300条1項1号）。
2）不適切である。保険募集人が聞いた重要事項を告知しないように勧める行為は、告知義務違反を勧めるものとして禁止されている（保険業法300条1項2号）。
3）不適切である。将来的に未確定の金額であっても、未確定であると明示したうえで表示することは認められており、禁止事項である断定的な判断の提供等には該当しない（保険業法300条1項7号、主要行等向けの総合的な監督指針Ⅲ－3－3－2－2（4）②、保険会社向けの総合的な監督指針Ⅱ－4－2－2（10）②）。
4）適切である。ほかの生命保険との比較表示は、誤解が生じないような措置がなされている限り禁止されていない（保険業法300条1項6号、主要行

等向けの総合的な監督指針Ⅲ－3－3－2－2（4）②、保険会社向けの総合的な監督指針Ⅱ－4－2－2（9）②）。

正解　4）

第4章

融資Ⅰ（実行、管理、回収等）

4－1　証書貸付の取引方法

《問》証書貸付の取引方法に関する次の記述のうち、最も適切なものはどれか。

1）金銭消費貸借契約は、法律上、金銭の交付前であっても、当事者間の口頭での合意により成立させることができる。

2）金銭消費貸借契約証書を借入人のみが署名または記名押印して債権者である銀行に提出する差入方式とする場合は、銀行は、その金銭消費貸借契約証書の記載事項には拘束されない。

3）金銭消費貸借契約証書を借入人と銀行が連署する契約書（相互調印）方式とする場合は、連署した金銭消費貸借契約証書は銀行が保管し、借入人にはその写しを交付するのが一般的である。

4）金銭消費貸借契約証書を相互調印方式とするか差入方式とするかは、銀行取引約定書を相互調印方式とするか差入方式とするかとは関係がない。

・解説と解答・

1）不適切である。書面でする消費貸借に限り、金銭等の交付前に契約が成立することとされた（諾成的消費貸借）が、金銭消費貸借の原則は金銭の交付による契約成立（要物契約）であり、貸付金の交付前に、当事者間の口頭の合意のみでは金銭消費貸借契約を成立させることはできない（民法587条、587条の2）。

2）不適切である。金銭消費貸借契約証書は、融資契約の成立およびその内容を証する証拠書類の意味を持つ。また、金銭消費貸借契約証書を差入方式とした場合も、それは双方の合意の内容を示すものであり、債権者である銀行を拘束しないわけではない。

3）不適切である。金銭消費貸借契約証書を契約書（相互調印）方式とする場合は、金銭消費貸借契約証書を2通作成し、双方が署名または記名押印したものを1通ずつ保管するのが一般的である。

4）適切である。現在の金融実務において、銀行取引約定書は相互調印方式、金銭消費貸借契約証書は差入方式とすることが多いが、決まったルールは存在せず、どちらの方式を採用するかは自由である。近時は、書面による契約書への署名捺印（記名押印）に代えて、融資契約条項が記載された電

子ファイルに電子署名及び認証業務に関する法律（電子署名法）上の電子署名を付すことにより融資契約を締結する方法（いわゆる「電子契約」）も普及しつつあるが、電子契約についても同様である。

正解　4）

4－2　手形貸付

> 《問》手形貸付に関する次の記述のうち、最も不適切なものはどれか。
> 1）手形貸付とは、取引先から融資金額を額面とする、銀行を受取人と
> した約束手形を振り出して差し入れてもらい、これと引換えに金員
> を取引先に交付する融資方法のことである。
> 2）手形貸付に際して、振り出された手形の手形債権が時効によって消
> 滅すると、金銭消費貸借契約に基づく貸金返還請求権も時効によっ
> て消滅する。
> 3）手形貸付は金銭消費貸借契約であり、この点では証書貸付と同じ性
> 質を持つ。
> 4）手形貸付により、銀行は取引先に対して、手形債権に加え、金銭消
> 費貸借契約に基づく貸金返還請求権を有することになる。

・解説と解答・

1）適切である。手形貸付は、取引先から借用証書の代わりに、あるいは、借
用証書とともに、受取人を銀行とし額面を貸付金額とする約束手形を差し
入れてもらい、取引先の預金口座に貸付代り金を入金した時に消費貸借上
の貸付債権が発生するという融資方法である。

2）不適切である。手形貸付においては、銀行は取引先に対して、手形債権と
は別に、原因債権としての金銭消費貸借契約に基づく貸金返還請求権を有
しており、手形貸付において銀行が手形を徴求するのは原因債務である金
銭消費貸借上の債務の履行を確保するためと解されている。したがって、
手形債権が時効によって消滅しても、原因債権は影響を受けないため、貸
金返還請求権は消滅しない。なお、手形債権の消滅時効期間は3年である
が（手形法70条、77条1項8号）、貸金返還請求権の消滅時効期間は5年
である（民法166条）。

3）適切である。手形貸付は、一般的には期日一括返済を条件とする短期資金
に利用され、銀行を受取人とする手形の徴求により、金銭消費貸借契約の
存在が推定でき、手形金額、支払期日、支払場所の記載から貸付金額、弁
済期、弁済場所が特定できることから、金銭消費貸借契約書を徴求しない
だけであり、原因債権たる金銭消費貸借契約としての性質は、証書貸付と
同じである。

4）適切である。2）を参照。

__正解　2）__

4－3　手形貸付の方法等

> 《問》X銀行Y支店は、取引先のA社から融資の申込みを受け、手形貸付
> の方法によることを検討している。この場合について、X銀行Y支
> 店がA社に対して手形貸付を実行する場合に関する次の記述のう
> ち、最も適切なものはどれか。
> 1）X銀行Y支店がA社に対して手形貸付を実行する場合、A社が第三
> 　者から振出を受けた手形を割り引く方法により行う。
> 2）A社に対して手形貸付を実行したX銀行Y支店が、貸付債権が時効
> 　消滅した後、A社に対して手形債権を行使した場合、A社は原因債
> 　権上の抗弁を主張して支払を拒絶することはできない。
> 3）X銀行がA社に対して手形訴訟を提起し、その訴訟の継続中に、原
> 　因債権の消滅時効期間が経過した場合、時効の完成により手形訴訟
> 　は棄却されることになる。
> 4）X銀行のA社に対する手形訴訟において、X銀行の勝訴が確定した
> 　場合、原因債権の当初の消滅時効期間が経過していたとしても、原
> 　因債権は時効により消滅しない。

・解説と解答・

1）不適切である。本肢の内容は、手形割引に関する記述である。一般に、手
　形貸付とは、取引先から、借用証書の代わりとして、融資金額を額面とし
　銀行を受取人とする約束手形を振り出してもらい、これと引替えに取引先
　に金員を交付する融資方法である。

2）不適切である。手形債権は原因債権（手形貸付においては、貸付債権）を
　基礎として発生しているので、振出人である取引先A社は、受取人である
　X銀行Y支店に対して、原因関係に基づく人的抗弁を手形上の請求に対し
　て主張することができる。例えば、貸付債権が時効消滅した場合、銀行の
　手形債権行使に対し、取引先は原因債権が消滅したという抗弁を主張でき
　る（最判昭43.12.12金法536号22頁）。

3）不適切である。債務の支払のために手形が授受された当事者間において、
　手形の交付を受けた債権者が債務者に対して手形金請求の訴えを提起した
　場合、当該訴えの定期は原因債権自体に基づく裁判上の請求に準ずるもの
　として原因債権の消滅時効の完成猶予の効力を有すると解されている（最

判昭62.10.16民集41巻 7 号1497頁・金法1178号33頁)。このため、手形訴
訟の提訴により原因債権の時効の完成が猶予されるので(民法147条 1 項
1 号)、時効は完成しない。

4) 適切である。X 銀行の勝訴が確定すると、手形債権の消滅時効期間が10年
に延長(民法169条)され、それに伴い原因債権の消滅時効期間もこの判
決確定の時から10年に延長される(最判昭53.1.23民集32巻 1 号 1 頁・金
法853号36頁)。

正解　4)

4-4 手形割引

> 《問》A社は自動車部品メーカーであり、B社に対して販売した自動車部
> 品の代金として、B社から約束手形1,500万円の振出を受けた。そ
> の後、X銀行がA社から当該約束手形の手形割引を依頼された場合
> に関する次の記述のうち、最も不適切なものはどれか。
>
> 1) X銀行は、銀行取引約定書の規定がなくとも、当然にA社に対する
> 手形の買戻請求権を行使することができる。
> 2) 振出日および受取人欄白地の手形は、その部分を補充しなければ、
> A社に手形上の遡求権を行使することはできない。
> 3) 仮に、X銀行が割り引いた手形が融通手形であったとしても、B社
> が融通手形の抗弁を主張してX銀行からの手形金請求を拒絶するこ
> とは、原則として認められない。
> 4) X銀行のA社に対する手形上の遡求権は、手形の所持人が裏書人に
> 対し担保責任を追及する権利である。

・解説と解答・

1) 不適切である。銀行は、手形上の権利ではない買戻請求権を当然に行使で
きるわけではないため、銀行取引約定書は、売買説をとりつつ、一定の場
合には取引先に対して割引手形の買戻請求ができるように定めている（銀
行取引約定書旧ひな型6条）。
2) 適切である。振出日および受取人欄白地の手形は、形式不備から除外され
ているため（電子交換所規則施行細則33条1項1号）、これを理由に不渡
返還されることはない。ただし、当該手形が資金不足等により不渡となっ
た場合、銀行取引約定書に基づく民法上の権利である買戻請求権の行使は
可能であるが、白地を補充せずに支払呈示しても法律上は有効な支払呈示
とはならないため、遡求権を行使することができず、X銀行としては、A
社に補充させるべきである。
3) 適切である。融通手形であることを銀行が知っていたはずであり、見返り
手形の支払がない以上支払えないとの手形振出人による悪意の抗弁につい
ては、判例・通説とも認めていない（最判昭34.7.14民集13巻7号978頁）。
ただし、例外的に銀行の悪意が認められることもありうる（合意違反の抗
弁等）ので、銀行として融通手形の割引に応じるべきではない。

4）適切である。遡求権を行使する場合の請求額は、買戻請求権と異なり、手形金額、法定利率による満期以後の利息、拒絶証書の費用、通知の費用およびその他の費用の合計額である（手形法48条 1 項、77条 1 項 4 号）。

正解　1）

4－5 買戻請求権等

《問》A社は自動車部品メーカーであり、B社に対して販売した自動車部
品の代金として、B社から約束手形1,500万円の振出を受けた。そ
の後、X銀行は、A社から当該約束手形の手形割引を依頼され、割
り引いたが、当該約束手形が不渡となった場合のX銀行の対応等に
関する次の記述のうち、最も適切なものはどれか。
1）X銀行がA社に対して有する手形上の遡及権の消滅時効期間は10年
であり、買戻請求権の消滅時効期間よりも長い。
2）X銀行は、割引依頼人であるA社および手形振出人であるB社に対
し、手形の買戻請求権を行使することができる。
3）X銀行がA社に対して買戻請求権を行使した場合、手形振出人であ
るB社に対して手形上の請求権を行使することはできない。
4）X銀行は、A社に対して手形上の請求権と手形買戻請求権の双方を
取得し、裁量により、いずれの請求権の行使も可能である。

・解説と解答・

1）不適切である。手形上の遡求権の消滅時効期間は1年（再遡求の場合は6
カ月）であるのに対し（手形法70条2項、3項）、買戻請求権の消滅時効
期間は、債権者が権利を行使することができることを知った時から5年、
あるいは、権利を行使することができる時から10年のいずれか早いほうで
あって（民法166条1項1号、2号）、通常は債権者である銀行はその権利
を行使できる時を知っており、前者の5年で時効が完成することから、そ
の結果、買戻請求権のほうが消滅時効期間は長いこととなる。

2）不適切である。手形の買戻請求権は、銀行取引約定書上の権利であるた
め、割引依頼人であるA社に対してのみ行使することができ、X銀行と直
接の取引関係にない手形振出人であるB社に対しては行使することはでき
ない。もっとも、X銀行がB社との間で銀行取引約定書を締結している場
合には、当該手形について同約定書の条項が適用され（同約定書1条2
項）、X銀行がB社を債務者とする根抵当権を有している場合には、当該
手形債権も被担保債権となる（民法398条の2第3項、根抵当権設定契約
証書1条2号）。ただし、この場合に銀行取引約定書の条項が適用される
のは、X銀行のB社に対する手形債券であって、買戻請求権ではないこと

に注意が必要である。

3）不適切である。銀行取引約定書の割引手形買戻条項においては、割引依頼人が手形買戻債務を履行するまでは、銀行は手形所持人としていっさいの権利を行使することができる旨が定められている（銀行取引約定書旧ひな型6条3項）。なお、2）の解説参照。

4）適切である。3）の解説参照。もっとも、銀行にとっては、買戻請求権のほうが有利なので、実務上は、割引依頼人に対しては、ほとんどのケースで買戻請求権を選択している。

<u>正解 4）</u>

4－6 当座貸越

《問》 A社はX銀行Y支店と貸越極度額900万円の当座貸越契約を締結し
ていたところ、その当座預金口座の残高が200万円にも満たない状
態となっていた時点で、A社の振り出した1,000万円の約束手形が
交換呈示されてきた。この場合について、当座貸越契約の特徴に関
する次の記述のうち、最も適切なものはどれか。

1) A社がX銀行Y支店の当座貸越の実行を受けるためには、少なくと
も貸越極度額の1割に当たる90万円以上を、常に当座預金口座に入
金しておく必要がある。

2) A社が1,000万円の約束手形の支払をX銀行Y支店に依頼し、X銀
行Y支店がそれを承諾することによって、当座貸越がなされること
となる。

3) X銀行Y支店が約束手形の手形金1,000万円を支払えば、A社に対
して手形債権を取得することとなる。

4) A社の当座預金の残高が150万円の場合、X銀行Y支店は1,000万円
の約束手形の支払をすることができる。

・解説と解答・

1) 不適切である。当座貸越契約においては、実際に実行される融資額は当座
預金残高と手形金との差額であるが、銀行は貸越極度額までの融資義務を
負っており、特別に当座預金の残高が拘束されるものではない。

2) 不適切である。当座貸越契約においては、銀行は貸越極度額までの融資義
務を負っており、個別の融資依頼は不要とされているため、当座預金の残
高を超えた金額の手形や小切手の支払があると、自動的に融資が行われる。

3) 不適切である。当座貸越契約を締結することによって、銀行は取引先に対
して融資を行い、取引先自身が支払呈示された手形や小切手を融資された
資金で支払うにすぎず、融資実行により銀行が手形債権を取得することは
ない。支払承諾取引と異なり、銀行が融資実行により求償権を取得するこ
ともない。

4) 適切である。A社の当座預金残高が150万円の場合、手形金1,000万円との
差額である850万円が当座貸越により自動的に融資されることとなり、当
該約束手形の支払をすることができる。　　　　　　　　　　正解　4)

4－7　債務者の変動等

《問》X銀行Y支店はA株式会社（以下、「A社」という）に対し、新た
に展開する飲食事業の事業資金として3,000万円の融資を行い、A
社の代表取締役Bをその融資の連帯保証人としたうえ、Bの自宅の
土地および建物に抵当権を設定した。このとき、A社に変動があっ
た場合に関する次の記述のうち、最も不適切なものはどれか。

1）A社の代表取締役がBからBの子Cに交替した場合、法律上、A社
のX銀行Y支店に対する融資債務については何らの変更は生じな
い。

2）A社が甲株式会社に吸収合併される場合、A社のX銀行Y支店に対
する融資債務は当然に甲社に承継される。

3）A社が本問における飲食事業を新たに設立した乙株式会社に承継さ
せることによって会社分割を行う場合、新設分割計画においてA社
のX銀行Y支店に対する融資債務も乙株式会社に承継されることが
規定されていれば、融資債務は乙株式会社に承継される。

4）A社が本問における飲食事業を丙株式会社に譲渡する場合、丙株式
会社との事業譲渡契約の内容として、A社のX銀行Y支店に対する
融資債務も含まれる旨が記載されていれば、融資債務は当然に丙株
式会社に承継される。

・解説と解答・

1）適切である。融資先の代表取締役が交替しても、法律上は融資債務自体に
変更は生じない。ただし、実務上は、融資基本書類上の代表者変更手続を
行うとともに、最新の商業登記内容を確認する必要がある。また、連帯保
証人や担保提供者の変更について検討する可能性がある。なお、「事業承
継時に焦点を当てた「経営者保証に関するガイドライン」の特則」は、前
経営者、後継者の双方との保証契約を原則禁止としており（2項（1））、
前経営者の保証を解除せずに後継者から重ねて保証を徴求することは原則
として認められない。また、前経営者の保証を解除する場合であっても、
後継者に対し経営者保証を求めることは事業承継の阻害要因になりうるこ
とから、後継者に当然に保証を引き継がせるのではなく、必要な情報開示
を得たうえで、保証契約の必要性を改めて検討するとともに、事業承継に

与える影響も十分考慮し、慎重に判断することを求めている（同項
（2））。

2）適切である。甲株式会社（吸収合併存続会社）は、効力発生日に、A社
（吸収合併消滅会社）の権利義務を承継する（会社法750条1項）。

3）適切である。新設分割計画において、A社のX銀行Y支店に対する融資債
務を乙株式会社に承継させる旨が定められていれば、乙株式会社は、その
成立の日に、新設分割計画の定めに従い、A社の権利義務を承継する（会
社法763条、764条1項）。なお、新設分割後にA社に対して債務の履行を
請求できなくなる債権者は、当該新設分割について異議を述べることがで
きる（同法810条1項2号）。ただし、乙株式会社が承諾したX銀行に対す
る債務をA社が保証するなど、X銀行が引き続きA社に対して債務の履行
を請求することができる場合は、X銀行は当該新設分割について異議を述
べることができないだけでなく、A社は当該新設分割を実施することをX
銀行に通知する必要もない（同条2項）ので、日頃からの与信管理が重要
である。

4）不適切である。事業譲渡の場合、譲渡契約において譲渡する対象物として
個々の契約や権利・義務関係が記載されていても、当然に個々の契約や権
利・義務関係が譲受人に承継されるのではなく、個々の契約ごとに譲渡手
続（例えば債権譲渡であれば、譲渡の通知・承諾という対抗要件の具備）
をとる必要がある。本肢では、融資債務を承継するにあたり、A社（債務
者）と丙株式会社（引受人）との間で債務引受契約をすることとなるた
め、免責的債務引受と併存的債務引受のいずれの場合でも、債権者である
X銀行Y支店の承諾をとる必要がある（民法470条3項、472条3項）。

正解　4）

4 − 8　個人取引先の変動

《問》X銀行は、町工場を経営しているAに対して貸出金債権を有しており、当該貸出金債権を担保するため、Aが所有する町工場の土地および建物に根抵当権の設定を受けているほか、Aの親戚Dを連帯保証人とし、さらに、Dの自宅の土地および建物について、当該貸出金債権を被担保債権とする抵当権の設定を受けている。Aの妻は既に亡くなっているが、Aには子Bと子Cがおり、BはAの町工場で働き、Cは別の会社に就職して働いている。この場合について、債務者であるAの変動等に関する次の記述のうち、最も適切なものはどれか。

1 ）Aが事業をBに承継させた場合、特段の手続をとらなくても、Bは、当然にX銀行に対するAの借入金債務を引き継ぐこととなる。

2 ）Aが死亡して、その事業をBが承継し、事業に関する資産をすべて相続した場合であっても、相続自体についてBとCの2人が単純承認しているときは、X銀行はBに対し、貸出金債権の半分についてしか請求することができない。

3 ）A所有の土地および建物に設定された根抵当権の元本が確定する前にAが死亡した場合、BおよびCによって相続された、Aが死亡前に負担していた被担保債務の利息については、Aが死亡するまでの利息のみが根抵当権によって担保され、Aが死亡した後の利息は担保されない。

4 ）Aが将来の相続対策のためにE社という法人を設立し、その事業をE社に移管したことに伴い、E社に債務引受をしてもらう場合、X銀行は、債権保全上、AのX銀行に対する借入金債務をE社に免責的債務引受してもらえば足りる。

・解説と解答・

1 ）不適切である。事業を子に承継させたとしても、借入金債務が当然に承継されるわけではなく、個人資産の所有権も通常は移転しない。債権者であるX銀行としては、Aに対する貸出金債権をBに対して請求できるよう、後継者であるBを債務者に加える併存的債務引受契約を締結するか、免責的債務引受契約を締結したうえで、元の事業者であるAを連帯保証人とす

94

るのが望ましい。ただし、AがBに事業を承継させた後、当該事業の共同経営者とならない場合、Aを保証人にするためには保証契約締結前1カ月以内に保証意思宣明公正証書を作成する必要があることに注意が必要である（民法465条の6第1項、465条の9第3号）。また、免責的債務引受を行う場合、連帯保証人兼抵当権設定者であるDの書面または電磁的記録による承諾が必要である（同法472条の4第1項ただし書、3項、4項、5項）ことにも注意が必要である（選択肢2）、3）も同様）。

2）適切である。相続人が相続放棄または限定承認の手続をとらないときは、単純承認したものとみなされ、相続人は被相続人の権利・義務を相続分の割合で無限に承継する（民法920条）。ただし、そのままでは借入金債務が各相続人に分割されてしまうため、銀行としては、他の相続人の相続債務について、事業を承継した相続人に併存的債務引受をさせるなり、免責的債務引受をさせ、ほかの相続人を保証人として徴求するなり、全相続人から債務承認書を徴求するなどの措置を講じるべきである。

3）不適切である。根抵当取引を行っていた債務者について、元本の確定前に相続が開始したときは、その後6カ月以内に根抵当権関係の承継の合意とその登記がなされなければ、担保すべき元本は、相続開始時に確定する（民法398条の8第2項、4項）。しかし、この規定によって元本が確定したとしても債務者が死亡前に負担していた被担保債務は、根抵当権付きのままその相続人に法定相続分に従って相続され、相続された債務はその根抵当権によって引き続き担保されることから、Aが死亡前に負担していた被担保債務はその根抵当権によって担保され、その利息も、A死亡前に発生していた利息はもとより、A死亡後に発生した利息についても極度額の範囲で全額担保されることとなる（同法398条の3第1項）。

4）不適切である。個人事業主が法人成りした場合、個人の債権および債務は当然には法人には引き継がれないので、個人の債務を法人に承継させるためには、その法人との間で債務引受契約を結ばなければならない。ただし、本件では、単純にE社との間で免責的債務引受契約を締結してしまうとAがX銀行に対する債務を負わなくなってしまうので、X銀行としては、AおよびE社との間で併存的債務引受契約を締結するか、E社と免責的債務引受契約を締結したうえで、Aを連帯保証人とする必要がある。

正解　2）

4 - 9　担保の差替え

> 《問》X銀行は、町工場を経営しているAに対して貸出金債権を有しており、当該貸出金債権を担保するため、Aが所有する町工場の土地および建物に根抵当権の設定を受けているほか、Aの親戚Dを連帯保証人とし、さらに、Dの自宅の土地および建物について、当該貸出金債権を被担保債権とする抵当権の設定を受けている。Aの妻は既に亡くなっているが、Aには子Bと子Cがおり、BはAの町工場で働き、Cは別の会社に就職して働いている。この場合について、保証人かつ物上保証人であるDの変動や担保の差替え等に関する次の記述のうち、最も不適切なものはどれか。
>
> 1）Dが死亡して息子のFが単独で相続（単純承認）した場合、DがX銀行のために設定していた抵当権は有効に存続する。
>
> 2）DとX銀行が個人貸金等根保証契約を締結していたところ、Dが死亡して息子のFが単独で相続（単純承認）した場合、Fが相続するのは相続開始時点におけるDのX銀行に対する保証債務に限られ、その後に発生したAの貸出金債務に関する保証責任は負担しない。
>
> 3）X銀行が、根抵当権設定物件をAの町工場からAの自宅に差し替える場合、Dの同意を得る必要はない。
>
> 4）Aの事業に倒産のおそれが生じた後で、X銀行がAから追加担保を徴求した場合、そのAの追加担保提供行為は詐害行為取消権や否認権の対象となることがある。

・解説と解答・

1）適切である。担保提供者が死亡した場合、抵当権の設定されている物件の所有権は、相続人に移転するが、抵当権自体は何ら法律的には影響されないので、引き続きその貸出金の担保として有効に働く。ただし、実務上は、将来の抵当権実行の手続の煩わしさを避けるために、相続人に所有権移転の登記をさせておくべきである。

2）適切である。X銀行とDとの契約は個人貸金等根保証契約であるところ、同契約においては保証人であるDの死亡は元本確定事由に当たり、Dの相続人たるFは、その確定した元本等についてのみ保証債務を負うことになる（民法465条の4第1項3号）。X銀行としては、FについてもDと同様

に個人貸金等根保証契約の締結を必要とするのであれば、Fを保証人とした新たな保証書を徴求すべきである。ただし、Fと新たに保証契約を締結する場合は、保証契約締結前1カ月以内に保証意思宣明公正証書を作成しなければならないことに注意が必要である。

3) **不適切である。** 銀行取引においては、担保物件の解除、差替え、あるいは、保証人の免除、交代を行う場合であっても、担保提供者や保証人の同意は不要である旨の「担保保存義務免除特約」（銀行取引約定書保証人条項、根抵当権設定契約証書10条1項等）を結んでおり、民法上も取引上の社会通念に照らして合理的な理由があるときは、「担保保存義務（同法504条1項）」に関する規定は適用しないこととしている（同条2項）。しかし、担保物件の解除等の行為は、ほかの担保提供者や保証人に不利益となることもあるので、実務上は、トラブル防止のため、担保提供者および保証人全員の同意を得たうえで、変更契約等を締結すべきである。

4) **適切である。** 債務者に倒産のおそれが生じた後で債務者から追加担保を徴求した場合、それに応じた追加担保提供行為が詐害行為取消権や否認権の対象となるおそれがある（民法424条の3、破産法162条）。

正解　3)

4-10　事業譲渡

《問》X銀行が5,000万円の貸出金債権（A社の代表取締役Dが連帯保証）を有しているA社が事業を停止し、B社がその大部分の事業を譲り受けた。X銀行が第1順位で抵当権の設定を受けていたA社の自社ビルについては、B社への所有権移転登記がなされており、A社の従業員もB社の従業員として働いている。また、X銀行が担保権の設定を受けていなかったA社所有の賃貸ビルについても、B社への所有権移転登記がなされている。この場合について、A社の事業譲渡に関する次の記述のうち、最も適切なものはどれか。

1）B社に対するA社の事業譲渡が、会社法上の「事業の重要な一部の譲渡」に当たる場合、当該事業譲渡について、A社の株主総会決議が必要であるが、特別決議までは必要としない。

2）事業譲渡によりA社の債権債務が包括的にB社に移転するので、A社がX銀行に対して負担している借入金債務について個別の移転手続を行う必要はない。

3）A社がB社に対する事業譲渡を行おうとする場合、X銀行は、当該事業譲渡手続について、会社法に定める異議申立てを行うことができる。

4）仮に、B社がA社の商号を引き続き使用する場合でも、B社がA社の債務を弁済する責任を負わない旨の登記をしていれば、原則として、B社はA社のX銀行に対する借入金債務の弁済義務を負わない。

・解説と解答・

1）不適切である。A社の事業譲渡が会社法467条1項2号の「事業の重要な一部の譲渡」に該当するため、A社は株主総会の特別決議を行う必要がある（同法309条2項11号）。

2）不適切である。事業譲渡の場合、債権債務を譲受先に移転するためには、個別の移転手続が必要である。

3）不適切である。合併等の場合は、会社法上、債権者に対する催告や債権者による異議申立て等の債権者保護手続が用意されている（同法799条等）が、事業譲渡においては、このような債権者保護手続はない。ただし、当

該事業譲渡が濫用的に行われた場合は、詐害行為取消権（民法424条1項）の対象となり得るほか、譲渡会社が譲受会社に承継されない債務の債権者（残存債権者）を害することを知って事業を譲渡した場合には、残存債権者は譲受会社に対して承継した財産の価額を限度として当該債務の履行を請求できる（同法23条の2第1項）。

4）適切である。譲受会社が譲渡会社の称号を続用した場合、譲渡会社の営業に起因する債務を負担するのが原則であるが（会社法22条1項）、商号を続用した場合でも、事業を譲り受けた後、遅滞なく、譲受会社がその本店の所在地において譲渡会社の債務を弁済する責任を負わない旨を登記した場合には、信義則違反を問われるような例外的な場合を除き、譲受会社は債務弁済の責任を負わない（同条2項）。

<u>正解　4）</u>

4－11　債務引受

> 《問》X銀行が5,000万円の貸出金債権（A社の代表取締役Dが連帯保証）を有しているA社が事業を停止し、B社がその大部分の事業を譲り受けた。X銀行が第1順位で抵当権の設定を受けていたA社の自社ビルについては、B社への所有権移転登記がなされており、A社の従業員もB社の従業員として働いている。また、X銀行が担保権の設定を受けていなかったA社所有の賃貸ビルについても、B社への所有権移転登記がなされている。このとき、A社のX銀行に対する借入金債務をB社が債務引受する場合に関する次の記述のうち、最も不適切なものはどれか。
>
> 1）B社が併存的債務引受をする場合、X銀行とB社との間で債務引受契約を締結することができる。
> 2）B社が免責的債務引受をする場合、Dの承諾を得ない限り、DのX銀行に対する連帯保証債務は消滅する。
> 3）B社が免責的債務引受をすることについて、A社に特段の不利益がないにもかかわらずA社がB社による免責的債務引受に反対している場合であっても、B社はX銀行との契約によって有効に免責的債務引受を行うことができ、A社にその旨を通知する必要もない。
> 4）B社が併存的債務引受をすると、X銀行に対するA社およびB社の債務は連帯債務となる。

・解説と解答・

1）適切である。併存的債務引受は、債権者（X銀行）と引受人（B社）との間で行うことができる（民法470条2項）。もっとも、実務上は無用なトラブルを回避するため、X銀行・B社・A社の三社契約とするのが一般的であり、X銀行とB社との契約で行う場合でも、A社に対して通知を行うべきである。

2）適切である。免責的債務引受の場合、保証を債務引受後の債務に移転させるためには、保証人の書面または電磁的記録による承諾が必要となる（民法472条の4第1項、3項〜5項）。

3）不適切である。免責的債務引受は、引受人と債権者との契約によってすることができ、債務者の意思に反してもすることができるが、その効力は、

債権者が債務者に対してその契約をした旨を通知した時にその効力を生ずる（民法472条2項）。したがって、A社がB社による免責的債務引受に反対していても、B社はX銀行との契約によって免責的債務引受を行うことはできるが、債権者であるX銀行がA社に対して、B社との間で免責的債務引受契約を締結した旨を通知する必要がある。

4）適切である。併存的債務引受の場合、両債務者が連帯債務者となる（民法470条1項）。なお、その場合は権利関係が複雑になるので、X銀行としては、B社に免責的債務引受をさせて、A社を連帯保証人とし、Dの連帯保証債務を存続させることについてDの同意をとる方法が考えられる。

正解　3）

4-12　貸出金債権の消滅時効の完成猶予および更新

《問》X銀行は、Aに対する貸出について、Bを連帯保証人とするとともに、Cからその所有する甲不動産に根抵当権の設定を受けている。ところが、Aの信用状態が悪化し、返済が長期間滞っている場合について、X銀行がAに対して有する貸出金債権の消滅時効の完成猶予および更新に関する次の記述のうち、最も適切なものはどれか。

1）Aに対する貸出金債権の時効の完成が1カ月後に迫っていたため、X銀行がAに対していったん催告を行った後、5カ月後に再び催告を行った場合は、2度目の催告から6カ月間、X銀行のAに対する貸出金債権の消滅時効の完成は猶予される。

2）CがX銀行のAに対する貸出金債権を承認しても、X銀行のAに対する貸出金債権の消滅時効は更新されない。

3）AがX銀行に対し、貸出金のうち利息のみを支払い、元本については返済しなかった場合は、X銀行のAに対する貸出金債権の消滅時効は更新されない。

4）X銀行が、Bのみを被告として連帯保証債務の履行を求める訴訟を提起した場合においては、X銀行のAに対する貸出金債権の消滅時効の完成は猶予される。

・解説と解答・

1）不適切である。1度目の催告には、6カ月間時効完成猶予の効力が認められるが（民法150条1項）、催告を繰り返しても時効の完成猶予の効力は生じない（同条2項）。催告により時効の完成を猶予させる場合は、催告の時から6カ月以内にほかの方法をとらなければ完成猶予期間が終了して時効が完成してしまうため、注意が必要である。

2）適切である。物上保証人が債権者に対して被担保債権の存在を承認しても、民法152条の承認には当たらず、Aに対する関係はもとより、当該物上保証人に対する関係においても時効更新の効力を生じない（最判昭62.9.3金法1229号62頁）。

3）不適切である。債務の承認は、時効の更新事由であり（民法152条1項）、数個の債務の一部の弁済も原則としてすべての債務について承認がなされたものとされる（大判昭13.6.25判決全集5輯14号4頁、最判令2.12.15民

集74巻9号2259頁）。さらに、内入や利息の支払も権利の承認として、時効更新事由となる（大判昭3.3.24新聞2873号13頁）。

4）不適切である。そもそも、民法147条に規定される消滅時効の完成猶予の効力は、その事由が生じた当事者およびその承継人の間においてのみ効力を有するため（同法153条1項）、連帯保証人であるBに生じた消滅時効の完成猶予の効力は、主債務者であるAには及ばないのが原則である。また、連帯保証人についても連帯債務者の1人について生じた効力の規定が準用されるが（同法458条）、連帯債務者の1人に対する裁判上の請求の効力は、債権者と他の連帯債務者との間で絶対的効力を有する旨の合意がなされていない限り、相対的効力にとどまることとされている（同法441条。なお、民事訴訟法115条1項参照）。したがって、連帯債務者への裁判上の請求が絶対的効力を有する旨の特約がなされていない限り、裁判上の請求によりBの連帯保証債務に関する消滅時効の完成は猶予されるものの、X銀行のAに対する貸出金債権の消滅時効の完成は猶予されない。

正解　2）

4 -13　消滅時効の完成猶予および更新の方法

《問》X銀行は、A社に対して手形貸付により3,000万円の融資を実行していた。その後、A社の業績は悪化し、期日到来後1,200万円の内入弁済を受けたところで同社は不渡を出し、事実上倒産した。この場合について、X銀行がA社に対して有する貸出金債権の消滅時効の完成猶予および更新に関する次の記述のうち、最も不適切なものはどれか。

1 ）A社から、残債務の一部についてさらに内入弁済を受けた場合、消滅時効は更新される。
2 ）A社からの承認を口頭で得るだけでは、消滅時効の更新との関係で、訴訟上、不利になることがある。
3 ）X銀行がA社に対していったん催告を行った後、その後6カ月以内に裁判上の請求を行った場合、その訴状がA社に送達された時に消滅時効は更新される。
4 ）X銀行に対しA社が損害賠償請求訴訟を提起した場合、仮にX銀行がこれに応訴したとしても、貸金返還請求の反訴の提起等を行わなければ、X銀行のA社に対する貸出金債権の消滅時効が完成するおそれがある。

・解説と解答・

1 ）適切である。A社の内入弁済は、民法に定められた時効更新事由である「承認」に該当する（同法152条1項、最判令和2.12.15民集74集9号2259頁）。
2 ）適切である。口頭でも承認の効果そのものは発生する。ただし、口頭の承認は訴訟において証明することが難しく、X銀行とA社の訴訟においては、A社が口頭の承認を否認すると、X銀行は承認があったことを立証するのが困難であり、不利となる。
3 ）不適切である。この場合、当初催告を行った時点で消滅時効の完成は猶予される（民法150条1項）。さらに、裁判上の請求を行った場合は、その裁判が終了するまでの間は消滅時効の完成は猶予され（同法147条1項1号）、確定判決または確定判決と同一の効力を有するものによる権利の確定によって裁判が終了することによって、はじめて消滅時効が更新される

のであって（同条2項）、裁判上の請求を行うだけで消滅時効が更新されることはない。また、確定判決等による権利の確定なく裁判が終了した場合には、その終了の時から6カ月を経過するまでの間は消滅時効の完成は猶予される（同条1項括弧書き）。なお、裁判上の請求によって消滅時効の完成猶予の効力が発生する時期は、訴状を裁判所に提出した時であって、訴状が相手方に送達された時ではない（大判大4.4.1民録21輯449頁）。

4）適切である。A社がX銀行に対し、当該手形貸付に関する債務不存在確認訴訟を提起したのであれば、X銀行はこれに応訴して勝訴すれば消滅時効は更新されると考えられている（大判昭14.3.22民集18巻238頁）。しかし、消滅時効の完成猶予事由である裁判上の請求とは、権利者自ら原告となって債務者に対し積極的に給付または確認の訴えを提起した場合を指すことから（大判昭6.12.19民集10巻1237頁）、損害賠償請求訴訟では、これに応訴しただけでは消滅時効の完成は猶予されず、特段の事情がない限り、勝訴しても更新されない。

正解　3）

4 - 14　消滅時効の再進行

> 《問》X銀行は、Aに対する貸出について、Bを連帯保証人とするととも
> に、Cからその所有する甲不動産に根抵当権の設定を受けている。
> ところがAの信用状態が悪化し、返済が長期間滞っている。この場
> 合について、X銀行のAに対する貸出金債権の消滅時効の再進行に
> 関する次の記述のうち、最も不適切なものはどれか。
> 1) X銀行が、Aが所有する乙不動産を仮差押えした場合、Aに対する
> 貸出金債権の消滅時効は、仮差押えが終了した時から 6 カ月を経過
> するまでの間は完成しない。
> 2) X銀行が、Aに対して貸金返還請求訴訟を提起して勝訴し、当該勝
> 訴判決が確定した場合、新たな消滅時効期間は10年となる。
> 3) AがX銀行に対して債務承認書を提出した場合は、更新後の時効
> は、債務承認書の差入れを受けた日の翌日から進行する。
> 4) X銀行が、Aからあらかじめ差入れを受けていた公正証書に基づい
> てAの所有する乙不動産について強制競売を申し立て、配当を受け
> た場合、更新後の時効は、強制競売開始決定正本がAに到達した日
> の翌日から再び進行する。

・解説と解答・

1) 適切である。仮差押えは消滅時効の完成猶予事由である（民法149条 1
号）。なお、「仮差押えが終了した時」とは、仮差押登記が抹消されるな
ど、執行保全の効力が消滅した時点を指し、仮差押えの執行保全が保たれ
ている間は「仮差押えが終了した時」は到来しない（最判平10.11.24民集
52巻 8 号1737頁）。

2) 適切である。確定判決等によって確定した権利については、従前の時効期
間が10年より短いものであった場合でも、新たな時効期間は10年となる
（民法169条 1 項）。

3) 適切である。債務承認により消滅時効は更新する（民法152条 1 項）。な
お、承認とは、時効の利益を受ける当事者が時効によって権利を失う者に
対して、その権利の存在を知っている旨を表示することであるから、時効
が更新する時点は、債権者が債務承認書を受領した時であり（同法97条 1
項参照）、債務承認書に記載された日付ではない。また、時効期間の計算

は、初日不算入となるから（同法140条）、更新後の時効は、債務承認書の
差入れを受けた日の翌日から進行する。

4）不適切である。差押えまたは競売等の強制執行を行い、競売開始決定正本
　等が債務者に送達されたときに時効の完成が猶予され（民法148条1項1
　号）、手続きが終了したときに時効が更新される（同条2項）。配当が実施
　されるに至った債権は、配当金または競売代金を受け取った日の翌日から
　それぞれの債権本来の時効が進行する（同法140条）。

<u>正解　4）</u>

4 −15　銀行取引における消滅時効等

《問》X銀行は、A社に対して手形貸付により3,000万円の融資を実行して
いた。その後、A社の業績は悪化し、期日到来後1,200万円の内
入弁済を受けたところで同社は不渡を出し、事実上倒産した。この
場合について、X銀行がA社に対して有する貸出金債権の消滅時
効等に関する次の記述のうち、最も適切なものはどれか。
1 ）手形貸付であるので、手形債権の消滅時効が完成すると、同時に金
銭消費貸借上の貸金返還請求権についても消滅時効が完成する。
2 ）手形債権の消滅時効が完成した場合、金銭消費貸借上の貸金返還請
求権の消滅時効も完成するということはないが、X銀行は信義則
上、金銭消費貸借契約上の貸金返還請求権の行使ができなくなる。
3 ）1,200万円の内入れがあった時点で、X銀行が3,000万円の手形債権
を行使した場合、手形上に内入弁済に関する記載がなければ、X銀
行は手形債権を行使して、さらにA社から3,000万円の支払を受け
ることができる。
4 ）X銀行が、A社に対して貸金返還請求訴訟を提起し勝訴が確定した
場合、更新後の消滅時効期間は勝訴判決確定から10年間となる。

・解説と解答・

1 ）不適切である。手形債権の消滅時効と金銭消費貸借契約上の貸金返還請求
権の消滅時効は、別々に進行し、一方が完成することで、他方も同時に完
成するということはない。ただし、原因債権である金銭消費貸借契約上の
債権が時効により消滅すれば、手形債権については抗弁事由となる（最判
昭43.12.12金判1148号12頁）。
2 ）不適切である。手形債権と金銭消費貸借契約上の貸金返還請求権は併存し
ており、X銀行は、状況に応じていずれの債権も行使することができる
（最判昭23.10.14民集 2 巻11号376頁、銀行取引約定書 2 条）。手形貸付に
おいて、銀行が手形を徴求するのは原因債務たる金銭消費貸借上の債務の
履行を確保するためであり、手形債権が時効消滅することは、目的を達し
て消滅することにはあたらないから、手形債権の消滅時効完成後であって
も、金銭消費貸借契約上の貸金返還請求権を行使することができ、信義則
上の問題も生じない。

3）不適切である。手形債権と貸付金債権は、貸付金の回収という同一の目的のために併存するものであるから、その一方が弁済により目的を達して消滅すれば、他方も当然して消滅する関係にあり、貸付金債権のうち1,200万円が目的を達して消滅している以上、X銀行とA社との間では、手形債権も同額が消滅する。なお、A社は、手形外の事情でも、手形債権の当事者であるX銀行には対抗できる。したがって、X銀行は手形債権を行使しても、既に内入弁済を受けた1,200万円については、その支払を受けることはできない。

4）適切である（民法169条1項）。なお、手形債権の消滅時効期間が判決確定等により10年間に伸長されたときは、これに伴って原因債権たる金銭消費貸借契約上の債権も10年に伸長されるが（最判昭53.1.23民集32巻1号1頁）、原因債権の消滅時効期間が伸長されても手形債権の消滅時効期間は当然には伸長されない。

正解　4）

4－16　代位弁済・第三者弁済

《問》債務者以外の第三者による弁済がなされた際に、民法上、その弁済者が代位をするとき、債務者その他の第三者に対抗するために対抗要件を具備する必要がない場合として、次のうち最も不適切なものはどれか。
1）債務者の父親が弁済した場合
2）後順位抵当権者が弁済した場合
3）担保物件の第三取得者が弁済した場合
4）物上保証人が弁済した場合

●解説と解答●

1）不適切である。「弁済をするについて正当な利益を有する者」とは、保証人、物上保証人、抵当不動産の第三取得者、後順位抵当権者等のように弁済をしなければ自己の権利の価値を失い、または、自己の財産に強制執行を受けうる者をいい（大判昭14.10.13民集18巻1165頁、最判昭39.4.21民集18巻4号566頁）、債務者の父親は、民法上の「弁済をするについて正当な利益を有する者」には該当しないものの、一定の例外を除き、債権者および債務者の意思に反していなければ弁済をすることができ（同法474条2項、3項）、弁済をすれば債権者に代位することとなる（同法499条）。ただし、債権者に代位したことを債務者その他第三者に対抗するためには、債権者から債務者への通知または債務者の承諾（債権譲渡の債務者対抗要件・第三者対抗要件と同一内容の要件）が必要となる（同法467条、500条）。
2）適切である。保証人、物上保証人、抵当不動産の第三取得者・後順位担保権者のように、弁済をしなければ自己の権利の価値を失い、または自己の財産に強制執行を受け得る者は、民法上の「弁済をするについて正当な利益を有する者」に該当するため、弁済によって当然に債権者に代位することができ（最判昭和39.4.21民集18巻4号566頁）、その代位について対抗要件を具備する必要はない（同法467条、500条）。
3）適切である。1）、2）を参照。
4）適切である。1）、2）を参照。

正解　1）

4－17　差押命令等の支払差止効

《問》差押命令等の支払差止効等に関する次の記述のうち、最も適切なものはどれか。

1）債務者または保証人の預金に対する差押命令が発せられても当該差押命令に支払差止効が発生するまでは、債務者の期限の利益が喪失することはない。

2）差押命令の支払差止効は、債務者（預金者）か第三債務者（金融機関）のいずれかに送達された時点で発生する。

3）仮差押命令が金融機関に送達されても、自動継続特約付き定期預金の継続を妨げるものではない。

4）債務者または保証人の預金に対し、いったん差押命令により支払差止効が生じると、その後差押えが取り下げられても期限の利益喪失の効力が覆滅することはない。

・解説と解答・

1）不適切である。差押えの効力は、差押命令が第三債務者（金融機関）に送達された時に生じる（民事執行法145条5項）。銀行取引約定書は、債務者または保証人の預金について、仮差押え、差押え等の支払差止効が発生する前の段階で（当該命令・通知が発送されたときに）、債務者は借入金等の銀行に対する債務の期限の利益を当然に喪失する旨定めている（同約定書5条1項3号）。このため、債権者の期限の利益喪失の時点は、必ず支払差止効発生よりも前となる。

2）不適切である。1）を参照。

3）適切である。自動継続特約付きの定期預金に対する仮差押えがなされても、同特約に基づく自動継続の効果は妨げられないとする判例（最判平13.3.16金法1613号74頁）がある。

4）不適切である。差押えが取り下げられると、当該差押手続が初めから継続していなかったものとみなされ（民事執行法20条、民事訴訟法262条1項）、期限の利益当然喪失事由たる差押命令の送達の事実も覆滅することから、期限の利益喪失の効力も覆滅する。ただし、差押えが取り下げられても、債務者等預金について差押申立てがなされた事実は残り、期限の利益請求喪失事由たる債権保全を必要とする相当の事由（銀行取引約定書5

条2項5号）は覆滅しないので、対応方針を検討する必要がある。

正解　3）

4-18 差押えと相殺

《問》X銀行は、個人顧客Aに対して貸出金債権を有しており、他方、A
はX銀行に対して預金債権を有している。甲地方裁判所から、債権
者をBとする差押命令がX銀行Y支店に送達され、X銀行にあるA
の預金が差し押さえられた場合について、X銀行が相殺を行う際の
考え方に関する次の記述のうち、最も不適切なものはどれか。

1) X銀行は、差押えの時点では弁済期が到来していなかった貸出金債
  権と、Bに差し押さえられた普通預金債権を対当額で相殺しようと
  考えている。

2) AはX銀行に対して複数の支店で預金債権を有していたが、X銀行
  は、Aに対する貸出金債権と、Bに差し押さえられたY支店扱いの
  普通預金債権のみを対当額で相殺し、Aからのその他の支店を取引
  店とする預金の払戻請求には応じようと考えている。

3) X銀行は、差押えの時点で弁済期が到来していた貸出金債権と、B
  に差し押さえられた満期前の定期預金債権を対当額で相殺しようと
  考えている。

4) X銀行は、Bからの差押えの後にAについて破産手続が開始された
  ことから、Aに対する貸出金債権と、Bに差し押さえられた普通預
  金債権を対当額で相殺しようと考えている。

・解説と解答・

1) 適切である。民法511条1項により、たとえ預金等受働債権となるものが
  相殺前に差し押さえられても、貸出金等自働債権がそれ以前に取得してい
  た債権であれば、差押え後においても相殺により回収を図ることができ
  る。なお、銀行取引約定書において、預金に対する差押えは、期限の利益
  喪失事由に該当することとされており、差押命令の発送によって、それま
  で弁済期が未到来であっても、弁済期が到来することとなる（銀行取引約
  定書旧ひな型5条1項3号）。

2) 不適切である。預金の差押えは取扱店の指定がなされるため、指定された
  取扱店以外の支店を取引店とする預金は、差押債務者の預金であっても、
  差押えの対象とならない。複数の預金債権があるにもかかわらず、Bから
  差し押さえられた預金債権を狙い撃ちして相殺したと判断される場合、相

殺権の濫用として相殺が認められない場合がある（大阪地判昭49.2.15金法729号33頁）。

3）適切である。1）のとおり、たとえ預金等受働債権となるものが相殺前に差し押さえられても、貸出金等自働債権がそれ以前に取得していた債権であれば、差押え後においても相殺により回収を図ることができる。また、期限未到来の受働債権（定期預金債権）については、期限の利益を放棄して相殺することができる（民法136条）。

4）適切である。自働債権の債務者（A）に破産手続きが開始されると、Aの預金は破産財団を構成し、破産財団に対する強制執行は効力を失う（破産法42条1項）。また、Aが破産した場合であっても、破産債権者（X銀行）は、破産手続開始時に負担していた預金債務（破産法の規定により相殺を禁止された預金を除く）の貸出金債権との相殺は可能である（同法67条1項）。

正解　2）

4－19　相殺の要件

《問》X銀行は、飲食業を営むA社に対して、2回に分けて1,000万円ず
つ貸し出した合計2,000万円の貸出金債権を有している。1回目の
1,000万円の貸出には、担保として、A社の代表者Bが所有する土
地および建物に対して抵当権の設定を受けており、A社はX銀行に
対して1,000万円の預金債権を有している。A社の業績は近年悪化
し、A社の債権者であるCの申立てにより、X銀行にあるA社の預
金を差押債権とする差押命令がX銀行に送達された場合について、
X銀行による貸出金債権の相殺の可否等に関する次の記述のうち、
最も適切なものはどれか。

1）X銀行のA社に対する貸出金債権の弁済期が到来していない時点で
Cを債権者とする差押命令がX銀行に送達された場合、X銀行は、
銀行取引約定書の特約により、A社に対する貸出金債権を自働債権
として、A社のX銀行に対する預金債権と相殺することができる。

2）X銀行のA社に対する貸出金債権とA社のX銀行に対する預金債権
がともに相殺適状にあり相殺ができる場合、X銀行からA社に対し
て相殺する旨の意思表示をし、A社が相殺について同意をした時点
で相殺の効力が生じることとなる。

3）A社のX銀行に対する預金債権が定期預金債権であり、満期が到来
していない場合、X銀行は、満期の到来を待たなければ当該定期預
金債権を受働債権とする相殺はできない。

4）仮に、X銀行がA社に対して手形割引における手形買戻請求権を有
している場合、X銀行は、手形買戻請求権を自働債権としてA社の
X銀行に対する預金債権と相殺することはできない。

解説と解答

1）適切である。銀行取引約定書において、自働債権である貸出金債権等につ
いて一定の事由が生じたときは、債務者が有する期限の利益を喪失する旨
の期限の利益喪失条項が約定されている。借主の預金に対し差押命令が発
送されたときなどには、借主は期限の利益を当然に失うので（同約定書5
条1項3号）、X銀行はA社に対する貸出金債権を自働債権として相殺す
ることができる（民法505条1項本文）。

2）不適切である。相殺は、当事者の一方から相手方に対する意思表示によって行う（民法506条1項）ため、A社の同意がなくても、X銀行がA社に対して相殺する旨の意思表示をすれば、X銀行のA社に対する貸出金債権とA社のX銀行に対する預金債権が相殺適状になった時点に遡って、相殺の効力が生じる（同条2項）。なお、銀行取引約定においては、自働債権の弁済期と受働債権の弁済期が時期的に相違するなど、利息、遅延損害金の計算が煩雑になるのをさけるため、相殺を行う貸出債権と預金債務の利息、遅延損害金等の計算基準日について、計算実行日とする旨の特約をしている（同約定書7条3項）。

3）不適切である。自働債権である貸出金債権の弁済期が到来していれば、受働債権については弁済期が未到来であっても期限の利益を放棄（民法136条）して、相殺することができる。なお、X銀行とA社は、銀行取引約定書において、A社が債務の弁済をしなければならない場合、X銀行はA社の預金債権等について、その期限のいかんにかかわらず、いつでも相殺できる旨特約している（同約定書7条1項）。

4）不適切である。X銀行がA社に対して有する債権が手形買戻請求権であっても、その手形買戻請求権もA社がX銀行に対して有する預金債権も、そのいずれもが金銭を目的とする債権であるうえ、手形割引における手形買戻請求権は、銀行取引約定書に基づく契約上の請求権であり（同約定書1条1項）、割引依頼人の預金について差押命令が発送なされれば、弁済期限の到来した買戻請求権が当然に発生するので、相殺が可能である。

<u>正解　1）</u>

4－20　相殺の手続・方法

《問》X銀行は、飲食業を営むA社に対して、2回に分けて1,000万円ず
つ貸し出した合計2,000万円の貸出金債権を有している。1回目の
1,000万円の貸出には、担保として、A社の代表者Bが所有する土
地および建物に対して抵当権の設定を受けており、A社はX銀行に
対して1,000万円の預金債権を有している。A社の業績は近年悪化
し、A社の債権者であるCの申立てにより、X銀行にあるA社の預
金を差押債権とする差押命令がX銀行に送達された場合について、
X銀行による貸出金債権の相殺の手続等に関する次の記述のうち、
最も不適切なものはどれか。

1）X銀行による相殺は、その意思表示がA社に到達した時に相殺の効
力を生じるが、A社およびその関係者が行方不明で相殺通知書が到
達しなかった場合、相殺する預金に、差押債権者等の銀行と対抗関
係にある第三者が存在するときは銀行取引約定書の特約により、通
知書が到達すべきであった日に相殺の効力が生じたものとして取り
扱うことができない。

2）A社が倒産した場合、破産手続によるときは相殺のできる時期につ
いて原則として制限はないが、民事再生手続によるときは債権の届
出期間満了の日までに相殺を行わなければならない。

3）X銀行が相殺を行う場合、受働債権たる預金の預金証書を回収する
ことが望ましいが、この証書の回収は相殺を有効に行うための要件
ではない。

4）X銀行が相殺を行った場合、民法の原則によれば、相殺実行日付で
利息および損害金の清算をすることになるが、実務上は、銀行取引
約定書の規定により、相殺適状日付で利息および損害金の清算を行
う。

・解説と解答・

1）適切である。相手方が行方不明のために相殺通知書が相手方に配達されな
いこともあるが、この場合でも銀行取引約定書のみなし送達条項（同約定
書11条2項）があるため、相殺する預金に、差押債権者等の銀行と対抗関
係にある第三者が存在しないときは通知書が相手方に届くべきであった日

に相殺の効力が生じたものとして取り扱ってさしつかえない。ただし、相殺する預金に第三者の差押え等がなされている場合は、みなし送達の規定は差押債権者に対抗できないことに注意が必要である（東京高判昭53.1.25金判546号17頁）。この場合、相殺通知は、預金者または取立権を有する差押債権者のいずれに対しても行うことができるので（最判昭39.10.27民集18巻 8 号1801頁、最判昭40.7.20金法417号12頁）、差押債権者に対しても相殺通知を出状すべきである。

2 ）適切である。破産手続の場合、相殺のできる時期については原則として制限はない（ただし、破産管財人の催告権に注意する必要がある（破産法73条））が、会社更生手続と民事再生手続の場合には、債権（権利）の届出期間満了の日までに行わなければならない（会社更生法48条 1 項、民事再生法92条 1 項）。

3 ）適切である。預金証書は預金債権を表示する証券にすぎない。したがって、当該預金証書の性質上、あらかじめ担保として預金証書を預かっている場合以外は相殺時に預金証書を回収する必要はない。ただし、後日のトラブルを避けるためには、可能であれば預金証書を回収することが望ましい。

4 ）不適切である。本肢は、民法の原則に関する記述と銀行取引約定書の定めに関する記述が逆になっている。民法の原則によれば、相殺は相殺適状日に遡って効力が生じることから（民法506条 2 項）、特に債務者が法的整理手続に入った場合には、自働債権、受働債権の利息および損害金もこの日をもって清算することになるが、実務上は、銀行取引約定書の差引計算条項の定めに従って、相殺実行日付で利息および損害金の清算をすることになる。

正解　4 ）

4－21　債務名義

《問》次の記述のうち、債務名義になるものはどれか。
1）仮執行の宣言を付した支払督促
2）融資残高が9,000万円であることを確認した確定判決
3）公証人の認証を受けた金銭消費貸借契約証書
4）公証人役場で確定日付を付与された3口9,000万円の貸付契約書

・解説と解答・

　債務名義とは、債務者の債務の存在を公証し、執行力の認められた文書をいい、民事執行法22条に列挙されている。

1）債務名義になる（民事執行法22条4号）。

2）債務名義にならない。強制執行に適する給付請求権を表示する給付判決が確定したか、または、仮執行宣言が付されている場合は、原則として債務名義となるが、確認の判決が確定しても、それは確定した給付判決と異なり執行力を有しない。

3）債務名義にならない。民事執行法22条5号は、債務名義たる執行証書について金銭の一定の額の支払またはその他の代替物もしくは有価証券の一定の数量の給付を目的とする請求について、公証人が作成し、債務者が直ちに強制執行に服する旨の陳述が記載されている公正証書に限定しており、公証人の認証を受けただけでは、契約書は債務名義にならない。

4）債務名義にならない。3）参照。確定日付を付与されても、私署証書が公正証書となるわけではなく、契約書の日付が確定するにすぎない。

<u>正解　1）</u>

4-22　債務名義と銀行の対応

《問》X銀行は、A社に対して現在3口9,000万円の証書貸付残高がある
ことから、この貸付について債務名義を取得しておきたいと考えて
いる。なお、X銀行はA社から、A社所有の不動産について極度額
5,000万円の根抵当権設定登記を受けている。また、X銀行はA社
への貸付について、Bの連帯保証を得ている。この場合について、
X銀行の対応に関する次の記述のうち、最も不適切なものはどれ
か。

1）X銀行は、債務名義を有していなくても、A社の資産の仮差押えを
することができる。

2）X銀行は、債務名義を有していなければ、連帯保証人Bの資産の仮
差押えをすることはできない。

3）X銀行は、債務名義を有していなくても、根抵当権の実行としての
競売をすることができる。

4）X銀行は、仮差押えをするにあたり、担保の提供が必要となる。

・解説と解答・

1）適切である。債務名義とは、国家の強制力によって実現することができる
請求権の存在および範囲を表示し、かつ、執行力が付与された公文書であ
る。仮差押えは、債務名義を有していない者が、金銭債権を保全するため
に、債務者が保有する不動産、債権、動産等、特定の財産の処分制限を行
うための暫定的な制度である（民事保全法20条1項）。

2）不適切である。貸付金債権も保証債権も銀行の金銭債権である点は同じで
あるから、仮差押えの被保全債権となる。

3）適切である。担保権を有している場合は、担保権の実行としての不動産の
競売をすることができ（民事執行法181条1項）、強制競売を申し立てるた
めには債務名義を提出することを要するが（同法22条）、担保不動産競売
は、担保権の登記（仮登記を除く）に関する登記事項証明書を提出するこ
とにより、申立てをすることができる（同法181条1項3号）。

4）適切である（民事保全法14条）。担保の提供を求められるのは、債務名義
がないからである。なお、仮差押えでは、誤った仮差押執行によって債務
者が損害を受ける危険性があるので、その損害担保のため担保・保証が必

要となるのが通常であり、特に本問のように貸金を被保全債権とする場合
は、必ず担保の提供が求められる。

正解　2）

第 5 章

融資Ⅱ（担保、保証等）

5-1 抵当権設定登記

《問》Ｘ銀行が取締役会設置会社であるＡ社と融資取引を開始する際における、抵当権設定登記の手続に関する次の記述のうち、最も不適切なものはどれか。

1) 登記申請は、抵当権者であるＸ銀行と抵当権設定者であるＡ社の共同申請で行う。

2) 原則として、抵当権設定者の印鑑証明書が必要である。

3) Ａ社への融資にあたりＡ社が所有する工場について抵当権設定登記をする場合は、重要な財産の処分に該当する可能性を考慮して、Ａ社の取締役会による決議の有無を確認すべきである。

4) 抵当権設定者がその不動産の所有権取得を登記した際の登記識別情報を提供できない場合、抵当権設定登記をする方法がない。

・解説と解答・

1) 適切である。登記は、登記権利者（本問では抵当権者）と登記義務者（本問では抵当権設定者）の共同申請が原則である（不動産登記法60条）。

2) 適切である。登記申請には登記義務者の印鑑証明書が必要である（不動産登記令16条2項）。ただし、書面申請において、抵当権設定者が法人でその会社法人等番号を申請情報の内容をしたとき（登記官が印鑑証明書を作成することができるときに限る）は、申請書の印鑑証明書の添付を省略できる（不動産登記規則48条1号）。なお、従来は不動産登記と法人登記が同一登記所（法務大臣が指定した登記所を除く）の場合のみ印鑑証明書の添付省略が認められていたが、令和2年3月30日施行の改正不動産登記規則により、異なる登記所間でも可能となった。なお、Ａ社が取締役会非設置会社の場合は、取締役会議事録ではなく、株主総会議事録を徴求する（同356条）。

3) 適切である。担保提供は財産の処分と解されるうえ、工場全体が対象となれば重要な財産の処分であると解され、取締役会の決議事項となる可能性が高いため（会社法362条4項1号）、取締役会議事録を徴求して、当該抵当権設定が取締役会で決議されていることを確認しておく必要がある。

4) 不適切である。抵当権の目的物が、2005年3月7日以前に取得された不動産の場合、不動産の所有者（登記義務者）は権利証を有していることか

ら、登記官はその権利証と印鑑証明書によって登記義務者本人が登記を申請していることを確認していた。しかし、不動産登記法が改正され（2005年 3 月 7 日施行）、その確認方法が、登記識別情報と印鑑証明書に変更された（同法22条）。また、改正によって、権利証がない場合の登記方法として認められていた保証書の方式に代わり、事前通知制度や公証人による認証制度あるいは司法書士等の本人確認制度によって、権利証や登記識別情報がない場合でも登記手続を行うことが可能となっている（不動産登記法23条）。

正解　4)

5－2　抵当権の設定・効力

《問》抵当権の設定・効力に関する次の記述のうち、最も不適切なものは
どれか。
1) 抵当権の設定登記をすれば、その抵当権の設定された不動産が第三
者に譲渡されても、抵当権者は追及していくことができる。
2) 地上権も抵当権の目的となりうる。
3) 普通抵当権では、被担保債権の元本のほか、損害金についても制限
なく優先弁済権が認められる。
4) 借地上の建物に抵当権を設定すると、抵当権の効力は借地権にも及
ぶ。

・解説と解答・

1) 適切である。抵当不動産が譲渡された場合、譲受人（第三取得者）は抵当
権者と対抗関係に立つが、抵当権設定登記は第三者対抗要件であるから、
抵当権者は登記がある以上、第三取得者に対抗でき、目的物が譲渡されて
も追及できる（民法177条）。ただし、第三取得者に対しては、登記されて
いる条項を除き、抵当権設定契約書上の特約事項を除き、抵当権設定契約
書上の特約事項を主張できないので、抵当不動産が第三者に譲渡されない
ように適切な管理が必要である。
2) 適切である。地上権および永小作権は、抵当権の対象とすることができる
（民法369条2項）。
3) 不適切である。普通抵当権では、根抵当権の極度額と異なり、その優先弁
済権の及ぶ利息および遅延損害金は、原則として満期となった最後の2年
分に限られる（民法375条）。
4) 適切である。建物と敷地は別個の不動産であるため、建物を目的とする抵
当権は敷地には及ばないが（民法370条本文参照）、抵当建物の敷地の借地
権は建物の従たる権利として、建物に設定した抵当権の効力が及ぶ（最判
昭40.5.4民集19巻4号811頁）。

正解　3)

5 － 3　共同抵当

《問》X銀行は、個人顧客Aに対して証書貸付により3,000万円を融資するにあたり、A所有の甲・乙・丙不動産上に普通抵当権の設定を受けた。なお、担保不動産の価格は、甲が1,000万円、乙が2,000万円、丙が3,000万円相当である。この場合について、共同抵当権に関する次の記述のうち、最も適切なものはどれか。

1 ）X銀行が乙不動産および丙不動産の後順位抵当権者の同意を得ずに、甲不動産の抵当権を抹消した場合、X銀行は乙不動産および丙不動産の後順位抵当権者が甲不動産に代位できた限度で、乙不動産および丙不動産について優先権を主張することができなくなる。

2 ）共同抵当権において競売を申し立てる場合には、必ず、甲・乙・丙すべての不動産を一括して申し立てなければならない。

3 ）後順位抵当権者の申立てにより、丙不動産のみが競売されて3,000万円で落札された場合、X銀行に配当されるのは、その3,000万円を甲・乙・丙各不動産の価格で按分した1,500万円となる。

4 ）共同抵当とするためには、抵当権設定登記の時にその旨の登記をしなければならない。

・解説と解答・

1 ）適切である。判例は、民法392条2項および504条を類推適用して本肢のように解している（大判昭11.7.14民集15巻1409頁）。

2 ）不適切である。共同抵当権者は、任意にその一部について競売の申立てができる（民法392条2項）。

3 ）不適切である。X銀行は、債権全額について優先弁済を受けることができる。ただし、配当を受けられなかった後順位抵当権者は、X銀行の有する甲・乙不動産の抵当権に代位することができる（民法392条2項）。

4 ）不適切である。普通抵当権は、特定の債権を担保するものであるから、複数の不動産に同一の普通抵当権が設定された場合、当然に共同担保となる。なお、共同抵当の登記が認められているが（不動産登記法83条1項4号）、普通抵当権の場合は共同抵当の登記は対抗要件ではなく、共同根抵当権（民法398条の16）と異なり、効力発生要件でもなく単なる公示手段にすぎない。共同抵当であるか否かは、専ら後順位抵当権者の利害に関わ

ることであるので、この登記がなされていなくとも、後順位抵当権者は共同抵当であることを主張して、その利益を受けることができる。

<u>正解　1）</u>

5 - 4　抵当権の効力

《問》X銀行が個人顧客Aに対して5,000万円を融資するに際して、甲土地とその上の乙建物（いずれもAの父親B名義）に抵当権を設定することとし、抵当権設定登記の手続を行った場合について、抵当権の効力に関する次の記述のうち、最も不適切なものはどれか。

1) X銀行の抵当権は、その設定前にBによって乙建物に設置された空調設備には及ばない。
2) X銀行の抵当権は、その設定前にBによって甲土地に設置された灯籠にも及ぶ。
3) X銀行の抵当権設定後にBが乙建物の1階に独立性を有しない茶室を増築した場合、抵当権はその茶室部分にも及ぶ。
4) X銀行の抵当権設定後にBが乙建物を取り壊して建て替えた場合、抵当権はその建替後の建物には及ばない。

・解説と解答・

1) 不適切である。民法では、目的物たる不動産に「付加して一体となっている物」にまで抵当権の効力が及ぶとされている（同法370条）が、この付加一体物に、同法242条の付合物（抵当不動産に付着し、物理的、社会経済的にみて分離不可能な程度に結合して不動産の構成部分となったもののうち強く付合している物）が含まれることについては争いがないものの、同法87条の従物（主物たる抵当不動産の所有者が主物の常用に供するために主物に付属させた物）が含まれるかが問題となる。この点について、判例は従物に抵当権の効力が及ぶか否か明確ではないのに対し、学説は従物に対しても抵当権の効力が及ぶと解するのが多数説である。本肢では、空調設備が従物、付合物のいずれに該当する場合でも、抵当権設定者によって抵当権設定前に設置されているので、抵当権の効力が及ぶこととなる。
2) 適切である。灯籠は従物と考えられ、抵当権の効力が及ぶこととなる。なお、抵当権設定後に従物となった物に抵当権の効力が及ぶか否かについて、古い判例は及ぶとするものと及ばないとするものに分かれるが、学説では抵当権設定後の従物に抵当権の効力が及ぶと解することに異論がない。
3) 適切である。増築された茶室は既存の建物の付合物と考えられ（最判昭和

43.6.13民集22巻 6 号1183頁)、抵当権設定後に増築されたものであって
も、その抵当権の効力が及ぶ。

4) 適切である。抵当権の設定された建物が取り壊されると、建物に設定され
ていた抵当権は消滅する。そして、建て替えられた建物は、従前の建物と
は同一性がないことから、その建替後の建物に対して、従前の建物に設定
されていた抵当権の効力は及ばない。この場合、抵当権者は抵当土地と新
築建物を一括して競売することができる（民法389条 1 項本文）が、抵当
権者が優先弁済を受けることができるのは土地の代価のみである（同項但
書）。

正解　1)

5－5　根抵当権の被担保債権の範囲

《問》A社は新規事業を始めるにあたり、X銀行を根抵当権者として、A
社所有の甲土地に第1順位で、極度額1億円、被担保債権の範囲を
「銀行取引」とする根抵当権を設定し、その旨の登記を行った。次
に挙げるB、C、D、E各社の関係する各債権のうち、根抵当権の
被担保債権の範囲に含まれるものはどれか。なお、被担保債権の範
囲は「銀行取引」のみで、「手形上、小切手上の債権」等の登記は
ないものとする。
1) B社のA社に対する売買代金債権をX銀行が譲り受けた場合の、X
銀行のA社に対する当該譲受債権
2) X銀行のC社に対する貸出金債権をA社が保証している場合の、X
銀行のA社に対する保証債権
3) X銀行がA社振出の約束手形をD社から手形割引により取得した場
合の、X銀行のA社に対する約束手形上の請求権
4) A社を電子記録債務者とする電子記録債権を、X銀行がE社との割
引取引により取得した場合の、X銀行のA社に対する当該電子記録
債権（回り電子記録債権）

・解説と解答・

1) 含まれない。「銀行取引」とは、銀行と債務者との間で銀行取引から直接
あるいは付随的に生じた債権で、通常行われる取引はすべて担保される
が、X銀行のA社に対する当該譲受債権は、X銀行とA社との直接の銀行
取引により生じた債権ではないので、被担保債権の範囲として定められた
「銀行取引」には含まれない。
2) 含まれる。当該保証契約の当事者はX銀行（債権者）とA社（保証人）で
ある（民法446条参照）。このためA社の保証債務は、X銀行とA社との直
接の銀行取引によって発生したものであり、「銀行取引」に含まれる（最
判平5.1.19民集47巻1号41頁参照）。
3) 含まれない。この債権はX銀行とA社との直接の銀行取引によって発生し
たものではないので、「銀行取引」には含まれない。なお、銀行取引にお
いては、こうした回り手形や回り小切手による債権を担保するために、
「銀行取引」に加え、「手形上、小切手上の債権」を被担保債権の範囲とし

て定めるのが通常であるが、本問においては「手形上、小切手上の債権」
を被担保債権の範囲に含めていないので、回り手形による債権は担保され
ない。

4）含まれない。当該電子債権はＸ銀行とＡ社との取引によって生じたもので
はないので、「銀行取引」には含まれない。回り電子記録債権を被担保債
権とするためには、根抵当権設定契約上の被担保債権に「電子記録債権上
の債権」を追加し、被担保債権を「銀行取引　電子記録債権」とする根抵
当権の登記を行う必要がある（民法398条の２第３項）。

正解　2）

5－6　根抵当権の被担保債権の元本確定期日

《問》根抵当権の被担保債権の元本確定期日に関する次の記述のうち、最も適切なものはどれか。

1）元本確定期日は、必ず定めなくてはならない。
2）元本確定期日は、例えば「X年2月10日」というように、具体的に特定の日付を定める必要がある。
3）元本確定期日の定めは、登記をしないと効力が発生しない。
4）いったん定めた元本確定期日は変更することができ、その場合、後順位抵当権者等の承諾を得る必要はないが、当該変更につき変更前の期日より前に登記をしなかったときは、担保すべき元本は変更前の期日に確定する。

・解説と解答・

1）不適切である。根抵当権の被担保債権の元本確定期日は、定めることも定めないこともでき（民法398条の6）、銀行実務においては、元本確定期日を定めることはほとんどない。なお、確定期日の定めがない場合、①根抵当権設定者は根抵当権設定後3年を経過すると、根抵当権の被担保債権の元本の確定請求をすることができ、確定請求の意思表示が根抵当権者に到達した時から2週間を経過した時点で確定し（同法398条の19第1項）、②根抵当権者はいつでも根抵当権の被担保債権の元本の確定請求をすることができ、確定請求の意思表示が根抵当権設定者に到達した時点で確定する（同条2項）。

2）不適切である。元本確定期日は、本肢のように具体的な特定の日付で定めることもできるが、例えば「X年2月10日から3年を経過した日」というような定め方をしてもよい。ただし、元本確定期日を定めまたは変更した日から5年以内でなければならず、5年より長い期間を定めた場合は、5年に短縮される（民法398条の6第3項）。

3）不適切である。元本確定期日の定めは登記事項であるが（不動産登記法88条2項3号）、確定期日の定めの登記は、その定めの効力発生要件とはされておらず、単なる公示手段にすぎないため、登記がなされていなくても、当事者間ではその定めは有効である。ただし、確定期日の定めを登記すると、確定期日の定めの変更の登記をしなければ、確定期日変更の効力

が生じないこととなる（民法398条の 4 第 3 項）。

4 ）適切である（民法398条の 4 第 2 項、398条の 6 第 1 項、 2 項、 4 項）。な
お、元本確定期日の変更には、期日の延期だけではなく、期日を早める変
更や期日の定めのないものへの変更も含まれる。

正解　4 ）

5 － 7　根抵当権の変更

> 《問》X銀行が、A社との間で継続的に発生する銀行取引に基づく債権を
> 担保するために、A社が所有する土地および建物に極度額１億円の
> 根抵当権の設定を受けた場合について、X銀行の根抵当権の変更に
> 関する次の記述のうち、最も不適切なものはどれか。
> 1) 確定期日の到来によって根抵当権の被担保債権の元本確定後は、被
> 担保債権の範囲の変更や債務者の変更を行うことはできない。
> 2) 根抵当権者であるX銀行が当該根抵当権の目的不動産につき競売手
> 続開始の申立てを行った後においては、根抵当権の極度額の変更は
> できない。
> 3) 根抵当権の目的不動産に対して税務署から滞納処分による差押えが
> あった後においても、一定期間は、被抵当権の被担保債権の範囲の
> 変更が可能である。
> 4) A社がB社と合併した後においても、被抵当権の被担保債権の範囲
> の変更は可能である。

・解説と解答・

1) 適切である。元本の確定により根抵当権の被担保債権が特定され、確定時
に存在する元本債権とそれから発生する利息・遅延損害金のみが担保され
ることから、元本確定後は、被担保債権の範囲の変更や債務者の変更を行
うことはできない（民法398条の４第１項）。
2) 不適切である。根抵当権者であるX銀行が根抵当権の目的不動産につき競
売手続の申立てをして競売手続が開始されれば、その申立時に、根抵当権
の被担保債権の元本は確定する（民法398条の20第１項１号）。根抵当権の
極度額の変更は、利害関係人の承諾を要するものの、元本確定の前後を通
じてできる（同法398条の５）。また、競売手続開始の申立ての有無は、極
度額変更の可否に影響を及ぼさない。
3) 適切である。根抵当権の目的物に対して税務署から滞納処分による差押え
があった場合、根抵当権者がその差押えがあったことを知った時から２週
間が経過すると根抵当権の被担保債権の元本は確定する（民法398条の20
第１項３号）。したがって、その２週間が経過するまでの間は被担保債権
の範囲の変更をすることができる（同法398条の４第１項）。また、２週間

経過後であっても、後日当該差押えが取下げ等によって効力を失った場合は、根抵当権の元本は確定しなかったものとみなされるので（民法398条の20第2項）、被担保債権の範囲の変更に関する制約はなくなる。

4）適切である。債務者の合併により根抵当権設定者が元本の確定請求をすれば元本が確定し、被担保債権の範囲を変更することができなくなるが、債務者が合併しても、根抵当権設定者が元本の確定請求をしなければ元本は確定しないので（民法398条の9第2項、3項、398条の4第1項）、被担保債権の範囲を変更することができる。

正解　2）

5－8　元本確定前の根抵当権

《問》X銀行がA社との継続的な融資取引に関して、A社所有の不動産に
第1順位で、極度額3億円の根抵当権の設定登記を受けている場合
について、元本確定前の根抵当権に関する次の記述のうち、最も適
切なものはどれか。
1）A社がX銀行に対して負担する融資を完済すれば、根抵当権は付従
性によって消滅する。
2）X銀行とA社との合意によって極度額を変更することができるが、
増額または減額のいずれの場合であっても、後順位担保権者の承諾
を得る必要がある。
3）X銀行とA社との合意によって被担保債権の範囲を変更することが
でき、その範囲の拡張または縮減のいずれの場合であっても、後順
位担保権者の承諾を得る必要はない。
4）A社がB社を吸収合併した場合は、根抵当権は、X銀行に対しA社
およびB社が合併時に負担していた債務ならびにA社が合併後にX
銀行に対して新たに負担する債務を担保する。

・解説と解答・

1）不適切である。元本確定前の根抵当権には付従性はなく、被担保債権が消
滅しても根抵当権は消滅せず、新たに被担保債権が発生すればその債権を
担保する。
2）不適切である。根抵当権の極度額を変更する際に承諾を得なければならな
い利害関係人は、その変更により不利益を被る者であるため、増額の場合
と減額の場合では異なる。極度額を増額する場合は、利害関係人である後
順位担保権者や、根抵当不動産の差押債権者等の承諾を必要とするが、極
度額を減額する場合は、後順位担保権者の利益を害することはなく、後順
位担保権者は利害関係人には該当しないこととなり、その承諾は不要であ
るが、減額をする根抵当権についての転抵当権者、被担保債権の差押債権
者・質権者等の承諾を要する（民法398条の5）。
3）適切である。後順位担保権者は、先順位根抵当権の存在を認識して自らの
権利設定を行っている以上、先順位根抵当権の極度額までの優先弁済を容
認せざるを得ない立場である。したがって、後順位担保権者は、先順位根

抵当権の被担保債権として、どのような債権がどれだけ存在するかについては独立の利害関係を有しないので、根抵当権の被担保債権の範囲を変更する場合は、後順位担保権者等の承諾を得る必要はない（民法398条の4第2項）。

4) 不適切である。債務者であるA社がB社を吸収合併した場合には、根抵当権は、合併時にA社が負担する債務のほかA社が合併後に負担する債務を担保する（民法398条の9第2項）が、合併時にB社が負担していた債務はX銀行とA社との取引により生じたものでないため、担保しない。合併時にB社がX銀行に対して負担していた債務を当該根抵当権で担保させるためには、X銀行とA社との契約で、当該債権を被担保債権の範囲に追加し、その登記をしなければならない（同法398条の4第1項、3項）。

正解　3）

5 - 9　遺産分割協議と権利行使

《問》X銀行は、Aに対してアパート建築資金 3 億円を貸し出しており、その担保としてアパートとその敷地に抵当権の設定を受けていたところ、Aが死亡した。Aの法定相続人は、妻Bと子C、子Dの 3 人であり、Aへの貸出については、Bが連帯保証人になっている。また、AはX銀行に9,000万円の預金を保有している。ところが、遺産分割協議がまとまらず、貸出金の約定弁済もなされないまま 1 年が経過しようとしているため、X銀行としては権利行使をして回収を図ることを考えている場合について、X銀行の権利行使に関する次の記述のうち、最も適切なものはどれか。

1 ）遺産分割協議中である以上、延滞を理由にAの借入金債務の期限の利益を喪失させることはできない。

2 ）遺産分割協議中であり、土地および建物の帰属が決まらない以上、担保不動産の競売を申し立てることはできない。

3 ）AのX銀行に対する預金債権については、遺産分割協議でその帰属が決まらない以上、X銀行のAに対する貸出金債権と相殺することはできない。

4 ）遺産分割協議中であっても、Aの借入金債務は法定相続分により分割承継されているので、各相続人に対し、それぞれの法定相続分については権利行使ができる。

・解説と解答・

1 ）不適切である。相続の開始に伴い、借入金債務は法定相続分により分割承継される。その分割承継された債務について延滞があれば、それは銀行取引約定書における期限の利益の喪失事由となる（同約定書 5 条 2 項 1 号）。ただし、各相続人が分割相続した債務について、不可分債務関係は生じないと解されている（大決昭和5.12.4民集 9 巻1118頁）ため、期限の利益喪失の判定は相続人ごとに行わなければならないことに留意が必要である。なお、 4 ）の解説参照。

2 ）不適切である。遺産分割協議中であっても、担保不動産について競売を申し立てることができる。その場合、担保権者は相続関係を明らかにして、相続人を所有者とする不動産競売申立てを行い、執行裁判所の書記官に担

保不動産競売申立受理証明書を発行してもらい、当該証明書により当該不動産について代位して相続登記を行い、相続人名義となった登記事項証明書を取得して、それを執行裁判所に提出する。これによって競売開始決定がなされる（法務省昭62.4.14民三第1024号民事局第三課長発出通知）。

3）不適切である。判例によれば、「共同相続された普通預金債権、通常貯金債権及び定期貯金債権は、いずれも、相続開始と同時に当然に相続分に応じて分割されることはなく、遺産分割の対象となるものと解するのが相当である」と判断された（最決平28.12.19民集70巻8号2121頁・金法2061号68頁）。この決定は、共同相続された預貯金債権は、当然分割されるものではなく、共同相続人の準共有となって遺産分割の対象となると判断しているが、そもそも、共同相続人は総裁の可能性を含んだ状態の預金を準共有しているのであり、準共有であるからといって、債権者の相殺による債権回収に対する合理的な期待が否定されるものではないと考えられることから、相続開始時点でX銀行とAとの間で相対立する債権が存在してさえいれば、相殺適状となる時点が相続開始前後を問わず、債権者であるX銀行は有効に相殺できると考えられる。

4）適切である。各相続人は、Aの相続開始時（死亡時）にAの借入金債務を分割相続しており（民法882条、896条）、相続債務は遺産分割の対象とならない（東京高判昭37.4.13判タ142号74頁）から、X銀行は相続開始後、直ちに権利行使ができる。

正解　4）

5 −10　競売の申立て

《問》X 銀行は、A 社に賃貸マンションの建設資金として 5 億円を貸し出
すにあたり、まず、その敷地に抵当権の設定を受け、さらに建物の
完成と同時にその建物にも抵当権の設定を受けていた。ところが、
3 年経過した時点で A 社からの返済が滞ったため、X 銀行は回収を
図りたいと考えている。このとき、X 銀行の債権回収方法として、
当該賃貸マンションについて競売の申立てをする場合に関する次の
記述のうち、最も適切なものはどれか。
1 ）抵当権の設定を受けている敷地と、その敷地上の建物は、別々に競
売の申立てを行わなければならず、そのうえで一括して競売しても
らえるよう裁判所に上申する必要がある。
2 ）競売の申立てをする場合、抵当権の存在を証する文書として、当該
不動産の全部事項証明書を提出する必要がある。
3 ）競売の申立ては、その担保物件の所在地を管轄する簡易裁判所に対
して行う必要がある。
4 ）X 銀行が競売の申立てを行う場合、支店の行員など、弁護士資格を
有していない者を代理人として申立てを行うことはできない。

・解説と解答・

1 ）不適切である。競売の申立てを 1 個の手続で行えるか否かと、共同担保の
目的不動産を一括して行えるか否かは別の論点である。まず前者について
は、本問の敷地とその上の建物とは追加担保により共同抵当の関係にある
ことから（民法392条）、競売を申し立てる際には一括して 1 つの申立手続
によって行うことができる。次に、後者については、、競売による売却方
法は個別売却が原則であるが、数個の不動産が一部の買受可能価額では請
求債権額と執行費用の金額が不足する場合または債務者の同意がある場合
に限り、相互の利用上、不動産をほかの不動産と一括して同一の買受人に
買い受けさせることが相当であると認められるときは、執行裁判所はこれ
らの不動産を一括して売却することを定めることができるとされている
（民事執行法61条、188条）。
2 ）適切である。競売の申立てにあたっては、抵当権の登記に関する登記事項
証明書の提出を要する（民事執行法181条 1 項 3 号）。

3）不適切である。競売の申立ては、目的物の所在地を管轄する地方裁判所に対して行う（民事執行法44条1項、188条）。

4）不適切である。代理人として裁判上の行為をできるのは、法令で認められた者または弁護士に限られるのが原則であるが（民事訴訟法1項本文）、執行裁判所でする手続については、訴えまたは執行抗告にかかる手続を除き、執行裁判所の許可を得れば、弁護士以外の者でも代理人となることができる（民事執行法13条1項）。

正解　2）

5－11　債権の担保取得

《問》X銀行が、A社に対し、A社のB社に対する売掛金債権を担保とし
　　て、2,000万円を融資する場合に、当該売掛金債権を担保にとる方
　　法に関する次の記述のうち、最も適切なものはどれか。
1）質権設定の場合、X銀行は、B社に対して直接代金を取り立てるこ
　　とができない。
2）譲渡担保権設定の場合、その売掛金債権の債権者はX銀行となる。
3）X銀行がA社から当該売掛金債権について取立ておよび受領の委任
　　を受け、当該売掛金債権の代理受領についてB社の確定日付のある
　　承諾を得た場合には、このX銀行とA社との代理受領契約は第三者
　　に対しても対抗することができる。
4）振込指定とは、B社からA社への支払を、X銀行に設けたA社の預
　　金口座に振り込ませることとし、何らの特約なしに、X銀行のA社
　　に対する貸出金債権の弁済期の到来の有無にかかわらず、X銀行
　　が、X銀行のA社に対する貸出金債権と、その振り込まれた金員に
　　よるA社の預金債権とを相殺することができるというものである。

・解説と解答・

1）不適切である。質権者であるX銀行は、質権の目的である債権を、B社に
　　対して直接に取り立てることができる（民法366条1項）。なお、債権質権
　　は、譲渡担保権と異なり、取立ての範囲や時期について制限がある（同条
　　2項、3項）が、実務上は、設定契約で被担保債権額や弁済期にかかわら
　　ず、目的債権の弁済期到来後は質権者による全額の取立てができる旨の特
　　約を結ぶことで、民法上の制限を解除するのが一般的である。
2）適切である。当該売掛金債権に対して譲渡担保権の設定を受けた場合、担
　　保のためにA社が債権をX銀行に譲渡したこととなり、債権者はX銀行と
　　なる。
3）不適切である。代理受領契約はA社がX銀行に取立ての委任をするという
　　もの事実上の担保に過ぎず、法令や判例で認められた担保権ではないため
　　適用範囲は当事者間に限定される。から、第三債務者であるB社の確定日
　　付のある承諾があっても、その契約の内容を第三者に対抗することはでき
　　ない。ただし、第三債務者が担保目的の代理受領であることを知りながら

承諾に反する支払をしたときは、第三債務者が代理受領権者に対して過失による不法行為責任を負うとされている（最判昭44.3.4民集23巻3号561頁）。

4）不適切である。振込指定は、融資先が第三者に対して有する債権の支払方法を自行にある融資先の預金口座への振込みに限定し、この振込金によって貸付金の回収を図るという事実上の担保であるが、相殺による回収を行う場合、民法505条1項本文の適用を受けるため、自働債権であるX銀行のA社に対する貸出金債権の弁済期が到来していなければ、A社の預金債権をX銀行の貸出金債権に充当することができない。

正解　2）

5－12　物上代位

《問》A社は、20X1年７月に甲銀行から融資を受けた３億円でビル１棟を取得し、種々のテナントにフロアを貸し出している。直近６カ月間において、A社がこの融資の弁済を怠っているため、甲銀行は債権の回収を図ろうと考えている。なお、A社はこの融資を受けるにあたり、当該ビルの開業前にその土地および建物に甲銀行のために抵当権を設定し、抵当権設定登記を行っている。甲銀行が債権の回収方法として、ビルの賃料債権に対する物上代位による差押えを検討する場合に関する次の記述のうち、最も不適切なものはどれか。

1）賃料債権に対する物上代位による差押えを行う場合は、抵当権者である甲銀行において、賃貸借契約を差押債務者と締結している賃借人を特定する必要がある。

2）賃料債権に対する物上代位による差押えは、賃借人が複数人いる場合、各賃借人の差押債権の合計額が請求債権額を超えないように、各賃借人数で差押債権額を按分するなどして差押えの申立てを行う必要がある。

3）甲銀行が賃料債権に物上代位する前に、A社がB社に賃料債権を包括的に譲渡し、その債権譲渡について対抗要件を備えた場合であっても、甲銀行は物上代位権を行使することができる。

4）A社の債権者であるC社が賃料債権を差し押さえた場合、賃料債権のC社への払渡し前に、甲銀行が物上代位による差押えを行ったとしても、差押えの前後により、一般債権者であるC社の差押えが優先され、甲銀行は物上代位権を行使することができない。

・解説と解答・

1）適切である。債権を目的とする物上代位権の行使には、債権執行の規定が準用される（民事執行法193条１項後段、２項）。物上代位はテナントビルの個々の賃借人である各テナントに対する賃料債権を差し押さえるものであるから、申立債権者である抵当権者において、各テナントの氏名・住所等を特定する必要がある（民事執行規則179条１項）。また、執行裁判所が管理人を選任して目的不動産の収益管理等を行わせる担保不動産収益執行（民事執行法180条２号）と異なり、差押えた賃料の取立は抵当権者が自ら

行わなければならないので、この点においても賃借人の特定は重要である。

2）適切である。賃料債権に対する物上代位による差押えは、賃借人が複数いる場合には、各賃借人の差押債権の合計額が請求債権額を超えないように、各賃借人数で差押債権額を按分するなどして差押えの申立てを行う必要がある。

3）適切である。賃料債権が包括譲渡されて対抗要件が備えられた後に、抵当権者が同じ賃料債権を物上代位により差し押さえた場合、民法304条1項の「払渡し又は引渡し」には債権譲渡は含まれないこと、抵当権の効力が物上代位の目的物についても及ぶことは抵当権設定登記により公示されていること等から、賃料債権の譲渡にかかる第三者対抗要件の具備日よりも抵当権設定登記日が前である場合は、物上代位が優先するとされている（最判平10.1.30民集52巻1号1頁および最判平10.2.10（両判例とも金法1508号67頁））。

4）不適切である。抵当権者による物上代位による差押えと一般債権者による差押えが競合した場合には、両者の優劣は一般債権者の申立てによる差押命令の第三債務者への送達と抵当権設定登記の前後によるとされている（最判平10.3.26民集52巻2号483頁・金法1518号35頁）。本肢の場合は、抵当権設定登記が先になされているので、一般債権者による差押えが物上代位による差押えより前であっても、物上代位が優先する。ただし、物上代位の対象となる債権に対する転付命令（民事執行法159条）が第三債務者に送達された場合は、その後に物上代位を行使することができなくなる（最判平14.3.12民集56巻3号555頁）ことに注意が必要である。

<u>正解</u>　4）

5 − 13　担保不動産収益執行

《問》A社は、20X1年7月に甲銀行から融資を受けた3億円でビル1棟を取得し、種々のテナントにフロアを貸し出している。直近6カ月間において、A社がこの融資の弁済を怠っているため、甲銀行は債権の回収を図ろうと考えている。なお、A社はこの融資を受けるにあたり、当該ビルの開業前にその土地および建物に甲銀行のために抵当権を設定し、抵当権設定登記を行っている。甲銀行が債権の回収方法として、担保不動産収益執行を検討する場合に関する次の記述のうち、最も適切なものはどれか。

1）担保不動産収益執行を行う場合には、甲銀行においてテナントの賃借人を特定する必要がある。

2）担保不動産収益執行では、強制管理の開始決定と同時に管理人が選任されるが、管理人は不動産の価値の保全に必要な管理および修繕のみを行うことができ、不動産の収益を収取する権限はない。

3）担保不動産収益執行の管理人はその資格に係る制限はなく、銀行その他法人も、担保不動産収益執行の管理人になることができる。

4）担保不動産収益執行の開始決定がなされても、その開始決定の時から5年が経過すると、その効力は消滅する。

・解説と解答・

1）不適切である。担保不動産収益執行は、執行裁判所により選任された管理人（民事執行法188条、94条）が担保不動産の管理、収益の収取および換価を行うものであり、管理人が賃借人の調査、特定を行うので、物上代位による賃料差押えと異なり、申立債権者である抵当権者において賃借人を特定する必要はない（同法95条）。

2）不適切である。担保不動産収益執行では、執行裁判所から選任された管理人が担保目的不動産を管理し、収益を収取する（民事執行法188条、94条、95条）。このため、担保不動産収益執行は、物上代位賃料差押えに比べて高額となること、費用が高額であるため配当等に充てるべき金銭を賄う見込みがなくなると手続きが取り消されることもあり得る（同法188条、106条2項）ことに留意が必要である。

3）適切である。執行裁判所は、担保不動産収益執行の手続開始決定と同時に

　管理人を選任しなければならないが、資格に係る制限はなく、銀行や信託会社等の法人もなることができる（民事執行法94条2項、188条）。もっとも、実務上は、執行官または弁護士が管理人に選任される運用が原則とされており（実際には大多数の事件で執行官が選任されている）、保守管理の負担が重い事例では、不動産管理会社を管理人補助者に選任し、管理業務を行わせることもある。

4）不適切である。担保不動産収益執行手続は、①無配当、②被担保債権の弁済、③担保不動産競売手続による売却、④担保不動産収益執行手続の取下げによって終了するが（民事執行法188条、110条、53条、20条、民事訴訟法261条）、管理期間については、法律上、特に制限は定められていない。

__正解　3）__

5 −14　債権質の設定

> 《問》X銀行が、電子部品製造業のA社に対し、A社のB社に対する売掛
> 金債権を担保として2,000万円を融資し、A社のB社に対する売掛
> 金債権について質権の設定を受ける場合に関する次の記述のうち、
> 最も不適切なものはどれか。
> 1 ）X銀行とA社の合意のみで、当該質権設定は効力を生じる。
> 2 ）A社のB社に対する売掛金債権について譲渡・質入制限特約がなさ
> 　　れていた場合、その特約の存在を知らないことについてX銀行に重
> 　　過失があると、B社はX銀行に対して債務の履行を拒むことができ
> 　　るので、X銀行は当該質権設定にあたり、そのような特約の存在を
> 　　調査しておく必要がある。
> 3 ）X銀行が質権の設定を受けたことをB社に対抗するには、原則とし
> 　　て、A社がB社に対して当該質権設定を通知するか、B社がX銀行
> 　　またはA社に対して当該質権設定を承諾する必要がある。
> 4 ）X銀行による当該質権設定が債権譲渡登記ファイルに登記されれ
> 　　ば、X銀行はB社以外の第三者に対しては質権を対抗することがで
> 　　きるが、B社に対しては、民法に定める質権設定に係る対抗要件具
> 　　備の方法によって対抗要件を充足しなければならない。

・解説と解答・

1 ）適切である。債権について質権を設定する場合、その債権の譲渡に関して
　　証書の交付を必要とする有価証券（指図証券、記名式所持人払証券、無記
　　名証券）は、証書を交付することによって質権設定の効力が発生すること
　　となるが（民法520条の 2 、520条の 7 、520条の13、520条の17、520条の
　　20）、それ以外の債権を質権の目的とする場合には、当事者の合意のみで
　　質権設定の効力が発生する（同法176条）。

2 ）適切である。A社とB社との間で譲渡・質入制限特約があった場合であっ
　　ても、質入の効力は妨げられないが（民法466条 2 項）、質権者であるX銀
　　行に悪意または重過失があった場合、B社はX銀行に対する債務の履行を
　　拒むことができる（同条 3 項）。

3 ）適切である。X銀行が、A社のB社に対する売掛金債権に質権を設定した
　　ことを、第三債務者であるB社に対して対抗するには、A社がB社に対し

て質権設定を通知するか、B社がX銀行あるいはA社に対して質権設定の承諾をする必要がある（民法364条）。なお、質権設定者が法人の場合は、債権譲渡登記の方法もある（下記4）の解説参照）。

4）不適切である。法人であるA社がX銀行に対して当該売掛金債権について質権を設定したことが債権譲渡登記ファイルに登記されると、その質権設定について、第三債務者（B社）以外の第三者に対抗することができるようになる（動産及び債権の譲渡の対抗要件に関する民法の特例等に関する法律14条、4条1項）。債権譲渡登記を利用した質権設定を第三債務者であるB社に対して対抗するには、質権設定および質権設定につき債権譲渡登記がなされたことを、X銀行またはA社がB社に対して登記事項証明書を交付して通知し、またはB社が承諾することが必要であるが（同法14条、4条2項）、民法に定められた通常の質権設定の通知・承諾とは異なる。

正解　4）

5－15　保証の効力

《問》X銀行が、A社に対する融資の担保としてB社の保証を受けようと
検討するなかでA社およびB社の登記事項証明書を確認したとこ
ろ、甲が両社の代表取締役を兼任していることが判明した。なお、
A社、B社とも、取締役会設置会社である。この場合について、X
銀行の担当者の判断に関する次の記述のうち、最も適切なものはど
れか。
1）甲がB社を代表してX銀行と保証契約を締結することは、甲にとっ
て利益相反行為に該当しない。
2）利益相反取引として取締役会の承認決議が必要な場合、甲は取締役
会決議に参加することはできない。
3）取締役会の承認決議はB社内部の問題であり、債権者であるX銀行
はその有無を確認する必要は全くない。
4）保証書ではなく「経営指導念書」を徴求した場合であっても、取締
役会の承認決議を経ていると保証と同一の効力を生じる。

・解説と解答・

1）不適切である。会社法356条1項3号において、会社が取締役の債務を保
証する等の間接取引における利益相反取引が制限されているが、取締役自
身でなくとも当該取締役が代表取締役である別の会社の利益となる場合に
もその利害関係は同視しうることから、間接取引として利益相反取引に該
当する（最判昭45.4.23民集24巻4号364頁・金法582号29頁）。ただし、A
社とB社が完全親子会社である場合は、形式的に利益相反取引に該当する
取引がなされても、利益相反取引規制（下記3）を参照）は適用されない
と解されている（大阪地判昭58.5.11判タ502号189頁）。
2）適切である。利益相反行為の場合の甲代表取締役は、特別の利害関係があ
る者としてB社の取締役会決議に参加することはできない（会社法369条
2項）。なお、取締役会非設置会社の場合、この決議は株主総会で行われ
る。
3）不適切である。債権者が取締役会の承認がないことを知り、または知らな
いことに重過失があるときは、会社は無効を主張できるとされていること
から、債権者としては何らかの確認をすべきである。その場合、取締役会

議事録を確認したうえで、その写しの提出を受けるのが原則といえる。会社法においては取締役会は任意設置機関とされ、取締役会非設置会社では、同様の承認決議は株主総会で行われ、この株主総会の承認決議についても、債権者は同様の対応を行うべきこととなる。

4）不適切である。「経営指導念書」とは、ある会社が事業資金を借入れする際に、当該借入先の親会社等が貸主に対して差し入れる書面で、親会社が当該借入先の経営について十分指導、監督を行うこと、貸主に迷惑をかけないことなどが記載されるという法律上の位置付けや性質が不明確な文書であり、下級審裁判例（例えば、東京地判平11.9.30金法1584号85頁等）ではあるが、保証としての効力が認められないとされている。ただし、その認定に際しては、その念書の文言だけでなく、その念書が差し入れられた経緯等を具体的に認定して、保証としての法的効力がないとの結論を導いているものであって、取締役会決議の有無もその1つの事情として考慮されている。そのため、取締役会決議のあることが、即保証としての効果を生じさせるものではないものの、表題として「経営指導念書」とある場合には常に保証として効力がない、とは言い切れないことに注意を要する。

正解　2）

5 － 16　根保証契約の特徴

《問》 X銀行は、A社と融資取引を行うにあたり、A社に対して保証人を付けることを要請した。この保証契約が、単純な保証契約であった場合と、根保証契約であった場合との比較に関する次の記述のうち、最も不適切なものはどれか。

1 ）単純な保証契約と根保証契約のいずれの場合であっても、法人でも個人でも保証人となることができる。

2 ）個人が保証人となる場合には、単純な保証契約であっても根保証契約であっても、いずれもその契約は書面でなされなければ無効となるが、法人が保証人となる場合には、根保証契約は書面でなされる必要があるものの、単純な保証契約は書面でなくとも有効である。

3 ）単純な保証契約は、特定の債務を主たる債務とするが、根保証契約は、一定の範囲に属する不特定の債務を主たる債務とする。

4 ）銀行融資に際してなされる根保証契約においては、保証人が個人と法人の場合とで、保証契約の内容に対する法的規制が異なる。

・解説と解答・

1 ）適切である。保証人となる資格に個人と法人との相違はない。ただし、保証人が個人の場合は、単純な保証契約・根保証契約を問わず、事業に係る債務を保証に関して、一定の制限および保護規定が定められており（民法465条の 6 ～465条の10）、根保証については、極度額の定めおよび元本確定に係る特則が定められている（同法465条の 2 ～465条の 5 ）。なお、法人を保証人とする場合には、上記規定は適用されない（同法465条の 6 第 3 項、465条の 8 第 2 項、465条の10第 3 項）。

2 ）不適切である。保証である以上、保証人が個人であるか法人であるかにかかわらず、また、単純な保証契約もしくは根保証契約のいずれであっても、書面でなされる必要がある（民法446条 2 項）。なお、事業のために負担した貸金等債務を主たる債務とする保証契約、または主たる債務の範囲に事業のために負担する貸金等債務が含まれる根保証契約の保証人に個人がなろうとする場合は、当該保証契約の締結前 1 カ月以内に作成された公正証書において、保証債務を履行する意思を表示していなければ、保証契約は効力を生じない（同法465条の 6 第 1 項）。ただし、当該個人保証人が

主債務者の役員である等、一定の場合には公正証書の作成は不要である（同法465条の9）。

3) 適切である（個人が保証人となる場合の定義については、民法465条の2第1項前段、法人が保証人となる場合も定義は同じ（通説））。

4) 適切である。法人が保証人となる根保証契約においては保証期間や保証限度額を定めない包括根保証も有効であるが、個人根保証契約は、保証限度額（極度額）を定めなければ、その保証契約は無効とされ（民法465条の2第2項）、また、保証期間（元本確定期日）は契約締結日から5年以内の日を定めなければならず、何も定めなければ契約締結日から3年で元本が確定する（同法465条の3第1項、2項）等の規制がなされている。個人根保証契約のうち、主たる債務となる一定の範囲に属する不特定の債務のなかに、貸金等債務が含まれている場合であって、個人が保証人となるものを個人貸金等根保証契約という（同条1項）。個人貸金等根保証契約は、元本確定期日に関する規制（5年を超える定めはできず、定めがない場合は3年後に元本が確定する）を受ける。また、個人根保証契約の元本確定事由（同法465条の4第1項）に加え、特有の元本確定事由（同条2項）が規定されている。

正解　2)

5 −17　個人貸金等根保証契約の要件

《問》X銀行がA社と融資取引を行うにあたり、A社の代表取締役Bと根
　　　保証契約を締結した場合に関する次の記述のうち、最も適切なもの
　　　はどれか。
　1）当該根保証契約の元本確定期日として、契約締結日から5年を経過
　　　する日より後の日を定めた場合には、元本確定期日は契約締結日か
　　　ら3年を経過する日とされる。
　2）当該根保証契約は、保証人Bが代表取締役であるA社を主たる債務
　　　者としているので、元本確定期日を定めないとすることもできる。
　3）当該根保証契約は、保証人Bが代表取締役であるA社を主たる債務
　　　者としているが、保証極度額を定めなければ無効となる。
　4）当該根保証契約は、保証人Bが代表取締役であるA社を主たる債務
　　　者としているので、主たる債務の元本の極度額だけを定めた根保証
　　　契約とすることもできる。

・解説と解答・

1）適切である。当該根保証契約は個人貸金等根保証契約に当たり、個人貸金
　等根保証契約において、元本確定期日として契約締結日から5年を経過す
　る日より後の日が定められた場合には、その元本確定期日の定めは効力が
　生じず（民法465条の3第1項）、契約締結日から3年を経過する日が元本
　確定期日となる（同条2項）。

2）不適切である。保証人Bが主たる債務者であるA社の代表取締役であるこ
　とによって個人貸金等根保証契約の規制が緩和されることはない。個人貸
　金等根保証契約として、元本の確定期日を定めない場合には、その元本確
　定期日は個人貸金等根保証契約が締結された日から3年を経過する日とさ
　れるが、根保証契約自体は有効に成立する。（民法465条の3第2項）。

3）不適切である。個人貸金等根保証契約には、個人根保証契約の規定が適用
　されるため、極度額を定めないものは効力を生じない（民法465条の2第
　2項）。この規制は、保証人が主たる債務者の代表取締役であることによ
　って緩和されることはない。

4）不適切である。個人貸金等根保証契約を含む個人根保証契約の極度額は、
　主たる債務の元本、利息、違約金、損害賠償、その他その債務に従たるす

べてのもの、およびその保証債務について約定された違約金または損害賠償の額のすべてを含んだ極度額（債権極度額）を定めなければならない（民法465条の2第1項）。

<u>正解　1)</u>

5−18　信用保証協会の保証付融資

《問》美容院を経営するＡ社と従前から融資取引のあるＸ銀行が、Ａ社か
　　　ら、新たに出店するための資金として5,000万円の融資の申込みを
　　　受け、Ａ社への新たな融資について、Ｚ信用保証協会の保証付融資
　　　での実行をしようと考えた場合の留意点に関する次の記述のうち、
　　　最も不適切なものはどれか。
1) Ｘ銀行は、Ａ社がＺ信用保証協会の保証を利用することができる企
　　業規模、業種であるか等について、確認する必要がある。
2) Ｚ信用保証協会からの信用保証書が交付される前であっても、その
　　発行が確実となった後であれば、Ｚ信用保証協会の確認を得ること
　　なく、その信用保証書の対象となっている融資をＸ銀行が実行して
　　も、Ｚ信用保証協会による保証を受けることができる。
3) Ｘ銀行は、Ｚ信用保証協会から信用保証書が発行されれば、原則と
　　して、30日以内にＡ社に対して融資を実行する必要がある。
4) Ｘ銀行は、Ｚ信用保証協会の承諾がなければ、Ｚ信用保証協会の保
　　証付融資の融資金を、既存債権の回収に充当することができない。

・解説と解答・

1) 適切である。信用保証協会は、中小企業者等に対する金融の円滑化を図る
　　ことを目的としているため（信用保証協会法１条）、中小企業者等が信用
　　保証協会の保証を利用するためには、企業規模、業種等について一定の要
　　件を充足する必要がある。保証対象資格を有しない者は信用保証を受けら
　　れないため、Ｘ銀行はＡ社の保証対象資格について確認する必要がある。
2) 不適切である。保証契約は、保証人と債権者との書面による合意によって
　　成立し、かつ保証の効力も同時に生じることとされている。しかし、信用
　　保証協会の保証は、信用保証協会と金融機関との約定書（以下、「約定書」
　　という）の特約により民法の原則を修正しているため、保証契約は信用保
　　証書の交付により成立し、金融機関が当該保証書に基づき融資を実行した
　　ときに保証の効力が生じることとされている（約定書１条、２条１項）。
　　したがって、Ｚ信用保証協会から信用保証書が交付される前に、Ｘ銀行が
　　Ａ社に対して融資を実行した場合、その融資に係る保証契約は成立してお
　　らず、当該融資実行は保証書に基づいて行われたものではないため、後日

信用保証書が発行されても当該保証承諾は無効となるので、その融資による貸出金債権はＺ信用保証協会により保証されていないこととなる。

3）適切である。融資は原則として信用保証書発行の日から30日以内に行う必要があるとされている（約定書2条）。

4）適切である。信用保証協会の承諾を得ずに、融資金を自行の既存債権の回収に充ててはならないとされており、違反した場合は、信用保証協会の保証は免責される（約定書3条、11条1号）。

<u>正解　2）</u>

5 －19　信用保証協会の代位弁済

《問》美容院を経営するＡ社は、新たに出店するための資金として、Ｘ銀
行に5,000万円の融資を申し込んだ。従前からＸ銀行は、Ａ社との
融資取引について、Ａ社が所有している土地に根抵当権（被担保債
権の範囲は、銀行取引とする）の設定を受けていたが、今回は、Ｚ
信用保証協会の保証付融資での実行をしようと考えた。Ｘ銀行がＡ
社に対して、Ｚ信用保証協会の保証付融資を実行した後、その融資
金の返済が滞ったことからＺ信用保証協会が代位弁済するに至った
場合に関する次の記述のうち、最も適切なものはどれか。
1 ）Ｘ銀行はＺ信用保証協会に対し、主たる債務の残元金のほか、利
息、違約金等主たる債務に従たるすべてのものについて、保証債務
の履行を求めることができる。
2 ）Ｘ銀行はＺ信用保証協会に対し、Ａ社が期限の利益を喪失すれば、
直ちに保証債務の履行を求めることができる。
3 ）Ｘ銀行は、Ｚ信用保証協会から代位弁済を受けた場合、Ｚ信用保証
協会に主たる債務に関する証書を交付しなければならない。
4 ）Ｚ信用保証協会がＸ銀行に代位弁済をすれば、Ｚ信用保証協会は、
Ｘ銀行を抵当権者としてＡ社の土地に設定していた根抵当権を、当
該根抵当権の被担保債権の元本確定を待たずに法律上当然に行使す
ることができる。

・解説と解答・

1 ）不適切である。民法の規定では、保証債務は主たる債務の元金のほか、主
たる債務に関する利息、違約金、損害賠償その他その債務に従たるすべて
のものを包含するとされている（同法447条 1 項）。しかし、信用保証協会
の保証は信用保証協会と金融機関との約定書（以下、「約定書」という）
に基づいてなされ、信用保証協会が金融機関に代位弁済する範囲は、主た
る債務（残元金）に利息および最終履行期限（期限の利益喪失日を含む）
後120日以内の延滞利息を加えた金額を限度とするとされている（約定書
6 条 2 項）。
2 ）不適切である。実務上、債権者に行方不明、法的整理手続（破産手続等）
開始等、特別な事由が生じた場合は、金融機関と信用保証協会との協議に

より90日経過を待たずに代位弁済請求を行うことができる。しかし、特別の事情がない場合、約定書では、被保証債務について最終履行期限（期限の利益喪失日を含む）後90日（各信用保証協会により異なる）を経てなお、債務者がその債務の全部または一部を履行しなかったときには、金融機関の請求により金融機関に対して保証債務の履行をするとされている（約定書6条1項）。

3）適切である。約定書によると、金融機関は信用保証協会から約定書に従った保証債務の履行を受けたときには、被保証債権（主たる債務）に関する証書を信用保証協会に交付するものとされている（約定書10条、民法487条）。

4）不適切である。代位弁済により根抵当権を信用保証協会に移転するためには、その移転登記以前に元本が確定している必要がある。すなわち、元本確定前においては保証人（保証協会）が代位弁済をしても、その根抵当権は移転しない（民法398条の7第1項）ため、前提として元本が確定していることが必要となる。そのうえで、信用保証協会は保証人として弁済をするについて正当な利益を有する者であることから、その弁済による代位の効果として、債務者への通知や債務者の承諾なくして、当然にその根抵当権の移転を受けることとなる（同法499条、500条、467条）。

<u>正解　3）</u>

5－20　破産債権の届出

《問》　X銀行の取引先であるA社について20X1年4月10日に破産開始決定がなされた旨の通知書等が、同年4月12日に裁判所からX銀行に送付された。このとき、X銀行がA社に対する貸出金債権を破産債権として届け出る場合に関する次の記述のうち、最も不適切なものはどれか。

1）X銀行がA社に対する貸出金債権を被担保債権として、A社所有の不動産に抵当権の設定を受けていた場合、X銀行は破産債権の届出をしたうえでなければ、その抵当権を実行することができない。

2）X銀行が債権届出を同年4月18日付で行う場合、貸出金債権の残元本および破産手続開始決定がなされた同年4月10日の前日までの利息および損害金を、一般の破産債権として届け出ることができる。

3）X銀行のA社に対する貸出金債権について、代表取締役Bが連帯保証をしていたが、B自身も破産手続開始決定を受けた場合、X銀行はA社の破産手続においてその開始決定時に有する貸出金債権の全額を、また、Bの破産手続においてその開始決定時に有する保証債権の全額を、それぞれ破産債権として届け出ることにより、双方の破産手続において配当を受けることができる。

4）X銀行が劣後的破産債権の届出を行う場合には、届出の際に劣後的破産債権である旨を記載する必要がある。

・解説と解答・

1）不適切である。破産手続に参加しようとする破産債権者は、裁判所に対して、その有している債権について書面により届出をする必要があり（破産法111条1項、破産規則1条1項）、破産財団に属する財産上に抵当権を有する者は、別除権者として、通常の債権届出事項のほか、別除権の目的である財産および別除権の行使によって弁済を受けることができないと見込まれる債権額についても届け出なければならない（同法2条9項、11条2項1号・2号）。ただし、別除権である抵当権は破産手続によらないで行使することができる（同法65条1項）ため、債権届出とは関係なく、別除権の行使として抵当権を実行することができる。

2）適切である。破産債権とは、破産手続開始前の原因に基づいて生じた債権

で、財団債権に該当しないもの（破産法2条5項）をいう。破産手続開始
決定後の利息および損害金も破産債権であり破産債権届出の対象であるも
のの、それらは劣後的破産債権（同法97条1号、2号、99条1項1号）と
して、一般の破産債権とは区別される。したがって、一般の破産債権とな
るのは破産手続開始決定日の前日までの債権であり、本問では、20X1年
4月10日の前日までの債権が一般の破産債権、その後に発生する利息およ
び損害金が劣後的破産債権となる。

3）適切である。数人が各自全部の履行をする義務を負う場合において、その
全員またはそのうちの数人もしくは1人について破産手続開始決定があっ
たときは、債権者は、破産手続開始決定時において有する債権の全額につ
いて、それぞれの破産手続に参加することができるとされている（破産法
104条1項）。この場合、他の全部の履行をする義務を負うものが破産手続
開始後に債権者に対して弁済その他の債務を消滅させる行為をしたときで
あっても、その債権の全額が消滅した場合を除き、その債権者は、破産手
続開始の時において有する債権の全額についてその権利を行使することが
できる（同条2項）。また、破産手続がそれぞれ別個であることから、各
破産手続において別個に配当がなされる。

4）適切である。債権届出の際には、劣後的破産債権である旨も届け出る必要
がある（破産法111条1項3号）。

正解　1）

5 −21　相　殺

《問》X銀行がA社に対して5,000万円の貸出金債権を有し、A社がX銀行に対して預金債権を有している場合における、相殺等に関する次の記述のうち、最も不適切なものはどれか。

1）X銀行は、A社に対する貸出金債権とA社のX銀行に対する預金債権とを相殺することができるが、貸出金債権は期限が到来していることが必要である。

2）X銀行が、A社に対する貸出金債権とA社のX銀行に対する預金債権とを相殺するには、A社に対して、相殺する旨の意思表示をする必要があり、民法上、その意思表示がA社に到達した時に、双方の債務が相殺に適するようになった時に遡って相殺の効力が生じる。

3）X銀行が、A社に対する貸出金債権とA社のX銀行に対する預金債権とを相殺するための準備をしていたところ、A社の債権者であるB社によって当該預金債権が差し押さえられた。この場合でもX銀行は、貸出金債権と当該預金債権とを相殺することができる。

4）A社の債権者であるB社によって、A社がX銀行に対して有している預金債権が差し押さえられ、転付命令があった場合、X銀行はA社に対して相殺の意思表示を行うことで、A社に対する貸出金債権とA社のX銀行に対する預金債権とを相殺することができる。

● 解説と解答 ●

1）適切である。相殺を行うには、双方の債務が弁済期にあることが必要である（民法505条1項）。ただし、銀行取引約定書には、貸出先に支払の停止等の一定の事由が発生した場合は当然に（同約定書5条1項）、貸出先に債務不履行等の事由が発生した場合は銀行の請求により（同条2項）、貸出先が期限の利益を喪失し、弁済期限未到来の貸出金に弁済期を到来させることができる旨が規定されていることから、貸出先の預金と貸出金を相殺しなければならない場合は、銀行はこの規定により債務者の期限の利益を喪失させ、そのうえで相殺することとなる。

2）適切である。相殺は、当事者の一方から他方に対する意思表示によって行うこととされており（民法506条1項）、相手方に対する意思表示は、その通知が相手方に達した時から効力を生じるとされている（同法97条）。ま

た、相殺の効力は、双方の債務が相殺に適するようになった時、すなわち相殺適状になった時に遡って生じる（同法506条2項）。なお、銀行取引約定書には、住所等の変更の届出がなされず、そのために銀行からの通知が相手方に届かなかった場合は、通常到達すべき時にその通知が到達したものとする旨の規定（同約定書11条2項）があり、また、その相殺による効果を相殺実行日とする旨の規定（同約定書7条3項）がある。

3）適切である。差押えを受けた債権の第三債務者は、差押え後に取得した債権による相殺をもって差押債権者に対抗することはできないが、差押え前に取得した債権による相殺をもって対抗することができる（民法511条1項）。A社のX銀行に対する預金債権は、B社による差押え前からX銀行が有していたため、差押え後においても相殺することができる。

4）不適切である。預金債権がほかの債権者に差し押さえられ、転付命令がなされた場合、転付命令によって預金債権は法律上当然に債務者（A社）から転付債権者（B社）に移転し、自働債権の債務者と受働債権の債務者が異なることとなるが、転付命令送達の当時、X銀行は既に弁済期の到来した反対債権を有している以上、転付債権者に対し相殺をもって対抗することができる。ただし、相殺実行時の預金債務は転付債権者に移転しているため、転付命令後に第三債務者（X銀行）が相殺する場合は、転付債権者（B社）に対して相殺の意思表示を行う必要がある（民法506条1項、最判昭32.7.19民集11巻7号1297頁）。なお、この場合、債務者（A社）に対する相殺の意思表示は法律上の要件ではないものの、債務者に対しても相殺を行う旨の通知を行うのが望ましい。

正解　4）

5 － 22　破産手続と相殺

《問》X 銀行 x 支店は、取引先である甲社に対して残高が300万円の証書
貸付を有していたところ、甲社は売掛先の倒産等もあって、資金繰
りに行き詰まり、自己破産の申立てを行った。甲社が破産手続開始
決定を受ける前後において、その取引先である乙社より甲社の X 銀
行 x 支店にある普通預金口座に売掛金100万円の振込があった場合、
X 銀行 x 支店が300万円の貸出金債権と同100万円の預金債権とを相
殺できる可能性が最も高いものは次のうちどれか。

1 ）X 銀行 x 支店を支払場所とする甲社振出の約束手形が資金不足によ
り不渡となった。ところが、その翌日、X 銀行 x 支店にある甲社の
普通預金口座に、乙社より甲社の売掛金100万円の振込があった。
その後、甲社が自己破産を申し立てて、破産手続開始決定を受け
た。

2 ）Y 銀行 y 支店を支払場所とする甲社振出の約束手形が資金不足によ
り不渡となった。ところが、同日、X 銀行 x 支店にある甲社の普通
預金口座に、乙社より甲社の売掛金100万円の振込があった。その
後、甲社が自己破産を申し立てて、破産手続開始決定を受けた。

3 ）甲社は、20X1年 2 月12日に自己破産を申し立て、同年 2 月19日に
破産手続開始決定を受けた。ところが、同年 2 月15日に X 銀行 x 支
店にある甲社の普通預金口座に、乙社より甲社の売掛金100万円の
振込があったが、偶然 X 銀行 x 支店では、同振込のあった時点で既
に甲社が自己破産の申立てを行っていることを知っていた。

4 ）甲社は、20X1年 2 月12日に自己破産を申し立て、同年 2 月19日に
破産手続開始決定を受けた。X 銀行 x 支店では、甲社が自己破産の
申立てをしていることを知らず、同年 2 月24日に裁判所より破産手
続開始通知書が送られてきて、初めて甲社が破産手続開始決定を受
けたことを知った。ところが、同年 2 月22日に X 銀行 x 支店にある
甲社の普通預金口座に、乙社より売掛金100万円の振込があった。

● 解説と解答 ●

1）相殺できない。甲社は経営状況が悪化しているうえ、資金不足による不渡手形を出し、結果的に自己破産となっていることから、不渡発生前に支払不能に陥り、1度目の手形不渡で支払停止になったと考えられる。しかも、Ｘ銀行ｘ支店自体で不渡手形が出ていることから、Ｘ銀行ｘ支店は、20X1年2月4日には支払停止の事実を知っていたものと考えられる。一方、振込による100万円の預金債務は同年2月5日に成立していることから、この債務は支払停止があった後に、その支払停止の事実を知って負担した債務として相殺が禁止されることになる（破産法71条1項3号）。

2）相殺できる可能性が最も高い。1）との相違は、自行を支払場所とするか、他行を支払場所とするかの相違である。他行を支払場所とする手形が不渡となった場合において、支払銀行は翌営業日の午前11時までに「不渡情報登録」を行うこととされており（電子交換所規則40条）、それまでの間、その支払場所以外の金融機関では支払停止の事実を知らないのが通常である。それゆえ、振込による100万円の預金債務が成立した20X1年2月4日時点では、いまだＸ銀行ｘ支店は、支払停止の事実を知らないものと考えられ、Ｘ銀行ｘ支店による貸出金債権との相殺は禁止されないこととなる。

3）相殺できない。破産債権者となるＸ銀行ｘ支店が預金債務を負担したのは2月15日であって、破産手続申立て後、かつ、破産手続開始決定前である。この間に負担した債務との相殺に関する破産手続申立てとの関係は、債務負担時点において破産債権者が、債務者の破産手続申立てを知っていた場合にだけ相殺を禁止される、というものである。本肢において、2月15日時点で既にＸ銀行ｘ支店は、甲社の破産手続申立ての事実を知っているので、相殺は禁止される（破産法71条1項4号）。

4）相殺できない。破産債権者となるＸ銀行ｘ支店が、破産手続開始決定後に債務を負担した場合には、Ｘ銀行ｘ支店が甲社の支払停止や破産申立の事実を知っていたか否かにかかわらず、相殺は禁止される（破産法71条1項1号）。

正解　2）

5-23　法的整理手続と別除権

《問》X銀行には、取引先である甲社に対して債務残高が1,000万円の証
　書貸付があり、その証書貸付については、甲社所有の本社工場およ
　びその底地に抵当権が設定されている。そのような状況下で、甲社
　は売掛先の倒産等もあって、資金繰りに行き詰まり、倒産した場合
　について、抵当権の取扱いに関する次の記述のうち、最も不適切な
　ものはどれか。
1）甲社について破産手続が開始された場合、X銀行は破産手続とは関
　係なく抵当権を実行することもできるが、破産管財人および当該担
　保目的物の買主との合意のもと、破産管財人による買主への売却と
　同時に、一定の対価を得て担保権を消滅させることもできる。
2）甲社について破産手続が開始された場合、破産管財人は、甲社の本
　社工場およびその底地の任意売却を円滑に行うために、一定の要件
　のもとで、その設定された抵当権を強制的に消滅させることもでき
　る。
3）甲社について民事再生手続が開始された場合、X銀行は再生手続と
　は関係なく抵当権を実行することができる。
4）甲社について民事再生手続が開始された場合、甲社は、撤退する事
　業で使用していた第三工場およびその底地の任意売却を円滑に行う
　ために必要な場合には、一定の要件のもとで、その設定された抵当
　権を強制的に消滅させることができる。

・解説と解答・

1）適切である。破産手続においては、抵当権は別除権として（破産法2条9
　項）、破産手続とは関係なくその権利を行使することができる（同法65条
　1項）。しかし多くの場合、担保目的物を競売するよりも任意売却するほ
　うが高価に処分できることから、破産管財人は別除権者（すなわち抵当権
　者）に対して、売却価格のうち、一定の金額を別除権者に支払うことでそ
　の抵当権を抹消してもらいたい旨を申し入れることとなる（その場合、当
　然、破産管財人は破産財団にも一定の金額が入るように金額を調整してい
　る）。そして別除権者は、その支払われる金額が、競売の場合に必要とな
　る手間およびそこで得られると予想される金額に比較して適正だと考えら

れれば、前記申入れを承諾して、その売却に際して、その金額を受領するのと引換えに抵当権を抹消することとなる。

2）適切である。1）のとおり、通常、破産管財人は担保の目的となっている不動産等についても任意売却を試みようとする。しかし、別除権者と話がつかない場合（特に、後順位担保権者が不当に高額の担保抹消料を要求するような場合）には、裁判所に対して、売却金額や売却先等を特定して担保権消滅の許可を申し立てることができる（破産法186条）。この破産管財人からの申立てに対して、担保権者は1カ月以内に担保権の実行をすることができるが（同法187条）、担保権が実行されなければ、裁判所の許可に基づき当該不動産等はその売却先に売却され、売却の相手方が売得金（破産財団への組入れが行われる場合は、売得金から組入金を控除した額）を裁判所に納付すると担保権は消滅する（同法190条4項）。そして、納付された売得金は、各担保権者に配当される。

3）適切である。民事再生手続においても、担保権は別除権として、再生手続とは関係なく権利行使することができる（民事再生法53条1項、2項）。

4）不適切である。民事再生手続においても担保権消滅許可申立制度が設けられているが、破産手続の場合とはその制度趣旨が異なる。すなわち、破産手続の場合は、破産財団を構成する財産をすべて売却して清算することが予定されているのに対し、民事再生手続では事業そのものを継続することが前提となっている。そのため、2）にあるように、破産手続における担保権消滅許可申立制度は、任意売却のための制度であるのに対し、民事再生手続における担保権消滅許可申立制度は、その担保権の目的物となっている財産が「再生債務者の事業の継続に欠くことのできないものである」場合に限定されている（民事再生法148条1項）。本肢では、撤退する事業で使用していた第三工場の「任意売却を円滑に行うため」とあることから、民事再生手続における担保権消滅許可申立制度の要件に該当しないことは明らかである。なお、民事再生手続における担保権消滅請求に不服のある抵当権者は、申立書の送達を受けた日から1カ月以内に価額決定の請求をすることができる（同法149条1項）というように、抵当権者の対抗手段も破産手続と異なる。

正解　4）

5－24　別除権の取扱い

《問》破産手続における別除権の取扱いに関する次の記述のうち、最も適切なものはどれか。
1）別除権は、破産債権の届出をしたうえでなければ、行使することができない。
2）別除権は、2年間行使しないと失権する。
3）別除権者が破産債権を行使するには、別除権の目的物等を裁判所に届け出なければならない。
4）根抵当権を有した別除権者が、破産債権の届出を行って最後配当を受けるためには、一定の期間内に、根抵当権の極度額を超える債権額を自ら証明しなければならない。

・解説と解答・

1）不適切である。別除権者は、破産債権届出において別除権に関する一定の事項を届け出なければならないが（破産法111条2項）、別除権は当該届出の前後を問わず、破産手続外で、競売などの別除権の基礎となる担保権の本来の行使方法で、実行できる（同法65条1項）。
2）不適切である。別除権の行使に期間の定めはなく、届出を失念しても、失権するものではない。
3）適切である。別除権者は、別除権付破産債権（別除権によって担保される債権）については、その別除権の行使によって弁済を受けることができない債権の額（不足額）についてのみ、破産債権者としてその権利を行使することができる（破産法108条本文）。このため、別除権者は、破産債権の届出に際して、別除権を有することや別除権の目的物および別除権の行使によって弁済を受けることができないと予想される金額（予定不足額）を裁判所に届け出る必要がある（同法111条2項）。別除権付債権について、別除権の届出を行わなかったとしても、事実上、別除権者が不利益を被ることは想定し難いが、別除権の届出は法的な義務であり、破産手続の円滑な進行に資するものであるため、必ず届出すべきである。
4）不適切である。別除権者が破産債権の届出を行っても、当然に配当を受けられるわけではなく、最後配当の際には、一定の期間内に、別除権の基礎となる担保権の行使によっても弁済されない債権額を証明しなければなら

ない（破産法198条3項）。ただし、根抵当権については、極度額を超える
部分については、別除権者が前記債権額を証明しなくても配当を受けるこ
とができる（同法196条3項）。また、中間配当の際には、別除権者は、一
定の期間内に目的物の処分に着手したことを証明し、かつ不足額を疎明し
なければ、配当に加わることができない（同法210条1項）。そして、前記
疎明がなされても、配当自体は不足額が確定するまで寄託される（同法
214条1項3号）。

正解　3）

5−25　民事再生手続（Ⅰ）

《問》民事再生手続に関する次の記述のうち、最も不適切なものはどれか。

1）民事再生手続の申立ては、債務者自身のほか、破産の原因たる事実が生じるおそれのあるときは債権者も申し立てることができる。

2）民事再生手続には、再生債務者が業務執行と財産の管理処分権限を失わない DIP 型と、裁判所が選任した管財人に業務執行と財産管理に当たらせる管理型がある。

3）民事再生手続の申立てがなされてから開始決定までの間、債務者の業務および財産について保全処分がなされることがある。

4）民事再生手続において、開始決定前に管財人が選任され、または開始決定後に保全管理人が選任されると、再生債務者の業務および財産の管理は管財人または保全管理人が行うこととなる。

・解説と解答・

1）適切である。債務者は①債務者に破産手続開始原因となる事実の生ずるおそれがあるときや、②債務者が事業継続に著しい支障を来すことなく弁済期にある債務を弁済することができないときは、民事再生手続の申立てができ、①の場合に限り、債権者も債務者について民事再生手続の申立てができる（民事再生法21条1項・2項）。ただし、債権者が申立てを行う場合は、再生手続の原因となる事実だけでなく、その有する債権の存在も疎明しなければならない（同法23条1項、2項）。

2）適切である。民事再生手続では、原則として、再生債務者が業務執行と財産の管理処分の権限を失わないで再生を目指す（民事再生法38条1項）が、再生債務者が法人であって、再生債務者の財産の管理処分が失当である等の場合には、裁判所の管理命令により管財人による管理が命じられることもある（同法64条1項）。

3）適切である。利害関係人の申立てまたは裁判所の職権により、債務者の業務や財産等に関し、保全処分として仮差押えや仮処分等を命じられることがある（民事再生法30条）。一般に、弁済禁止および担保提供禁止の仮処分がなされることが多い。

4）不適切である。再生債務者が法人の場合であって、財産の管理または処分

が失当である等の場合には、開始決定前は保全管理人が、また、開始決定
後は管財人が選任されることがあり（民事再生法64条１項、79条１項）、
その場合には、再生債務者の業務執行および財産の管理処分権限は、保全
管理人または管財人に属することとなる（同法66条、81条１項）。

正解　4）

5 -26　民事再生手続（II）

《問》X銀行Y支店が3,000万円を貸し出している株式会社A社（電子部
　　品製造業）が、同支店を支払場所とする約束手形の不渡を出した。
　　その当日に、X銀行Y支店ではA社との連絡を試みたが、A社の本
　　社事務所はシャッターを閉めたままになっており、代表取締役Bを
　　はじめ、いずれの取締役とも連絡がとれない状況であった。その
　　後、A社が民事再生手続開始の申立てをした場合に関する次の記述
　　のうち、最も適切なものはどれか。

1) A社は手形不渡を出しているうえ、本社事務所のシャッターを閉め
　たり、経営陣が行方不明となったりして支払停止の状態にあること
　から、民事再生手続開始原因ではなく、破産手続開始原因が存して
　いることとなり、A社が民事再生手続開始の申立てをしても、破産
　手続開始決定がなされる。

2) X銀行Y支店では、A社の手形不渡発生後1週間が経過してようや
　くBと会うことができた。その際、A社商品の売却代金としてBが
　所持していた50万円を、3,000万円の貸出金の一部弁済として受領
　した場合、その後にA社について民事再生手続が開始されても、A
　社自身が財産の管理処分権を失うわけでもなく、またBも代表取締
　役の地位にとどまるのであるから、Bから受領したその50万円の弁
　済を否認されることはない。

3) X銀行Y支店がA社に対する3,000万円の貸出金債権を被担保債権
　として、A社所有の唯一の工場である本社工場の土地および建物に
　抵当権の設定を受けていた場合、民事再生手続開始後に、抵当権消
　滅許可決定によって当該抵当権が抹消されることがある。

4) X銀行Y支店がA社に対する3,000万円の貸出金債権を被担保債権
　として、A社所有の土地および建物に抵当権の設定を受けていた場
　合、X銀行は、民事再生手続開始後は、その開始決定において指定
　された期間内しか、当該抵当権に基づく担保不動産競売を申し立て
　ることができない。

172

・解説と解答・

1）不適切である。債務者に破産手続開始の原因となる事実の生ずるおそれがあるときは、債務者は裁判所に対し、再生手続開始の申立てをすることができるとされているが（民事再生法21条1項）、これは、破産手続開始原因が生ずる前においても再生手続開始の申立てができるように規定されているにすぎず、破産手続開始原因が存在する場合に民事再生手続開始の申立てをすることを排斥するものではない。

2）不適切である。A社は手形不渡を出すと同時に会社を閉鎖しており、明らかにその時点で支払停止の状態にあるものといえる。そのため、その時点で支払不能であることが推定され（民事再生法127条の3第3項）、X銀行Y支店ではその後に、同社が支払停止に陥っていることを知ったうえで50万円を既存の貸出金の一部弁済として受領しているので、否認される可能性がある（同条1項1号イ）。なお、否認権は、管財人または否認権限を有する監督委員が行使するので、A社自身が財産の管理処分権を失っていない場合であっても、否認権の行使が制限されることはない（同法135条1項）。

3）適切である。民事再生手続開始時に再生債務者の財産に担保権が存する場合において、当該財産が再生債務者の事業の継続に欠くことができないものであるときには、再生債務者等は裁判所に対して担保権を消滅させることに関する許可の申立てを行うことができる（民事再生法148条1項）。製造業であるA社にとって、本社工場の土地および建物はその事業の継続に必要なものであり、担保権を消滅させることに関する許可の申立てを行うことができ、消滅許可決定に基づく金銭が納付されれば、抵当権が抹消されることになる（同法152条2項）。

4）不適切である。抵当権者は、抵当権の目的財産に別除権を有することとなり、担保権の実行手続の中止命令（民事再生法31条1項）等の特別な場合を除き、再生手続によらないで、いつでもその権利を行使することができる（同法53条1項、2項）。

正解　3）

5－27　個人再生手続

> 《問》個人再生手続に関する次の記述のうち、最も不適切なものはどれ
> か。
> 　1）小規模個人再生手続を利用する場合は、住宅資金貸付の額等を除く
> 　　再生債権の総額が1億円以下であることを必要とするが、給与所得
> 　　者等再生手続を利用する場合は、再生債権額に係る要件はない。
> 　2）給与所得者等再生手続における収入に関する要件を満たさない個人
> 　　債務者であっても、小規模個人再生手続を利用することができる場
> 　　合がある。
> 　3）個人再生手続では、住宅資金貸付債権について期限の繰延べ等を認
> 　　めてもらうこともできる。
> 　4）小規模個人再生手続では、個人債務者の再生計画に基づく弁済が困
> 　　難となった場合には、一定の要件のもとに残債務を免除する制度が
> 　　あり、給与所得者再生手続においても同様の制度がある。

・解説と解答・

　1）不適切である。通常の再生手続は、債務者に継続的な収入があるか否かは
　　問われないが、小規模個人再生は、個人である債務者のうち、将来継続的
　　に収入を得る見込みがあり、かつ、住宅資金貸付の額等を除く再生債権の
　　総額が5,000万円を超えない者を対象として行われる再生手続であり（民
　　事再生法221条1項）、給与所得者等再生は、その小規模個人再生の対象者
　　のうち、特に一般のサラリーマン等、給与またはこれに類する定期的な収
　　入を得る見込みがある者であって、かつ、その額の変動幅が小さいと見込
　　まれる者を対象として行われる再生手続である（同法239条1項）。そのた
　　め、両者のいずれにおいても、住宅資金貸付の額等を除く再生債権の総額
　　が5,000万円を超えないことが要件となる。なお、①別除権の行使により
　　弁済を受けると見込まれる債権の額および②再生手続開始前の罰金等の額
　　は5,000万円の算定から除かれる（同法221条1項、239条1項）。
　2）適切である。給与所得者等再生は、一定の収入要件や弁済条件を条件とし
　　て、再生計画成立に通常必要とされる再生債権者の決議を省略すること
　　で、小規模個人再生よりもさらに手続を簡易化する制度であるため（民事
　　再生法241条）、給与所得者等再生の対象となるべき収入要件に該当しなく

ても、小規模個人再生の収入要件に該当することはありうる。

3）適切である。小規模個人再生に限らず、個人である再生債務者については、その住宅を手放すことなく経済的な再生を図ることができるように、住宅資金貸付債権に関する特則が設けられている（民事再生法10章）。すなわち、住宅ローン債権については、再生計画において住宅資金特別条項を定めることができ（同法196条1項3号、4号、198条）、その内容として、①期限の利益回復型、②リスケジュール型、③元本猶予期間併用型、④同意型の4種類が定められている（同法199条）。この②リスケジュール型においては、利息・損害金を含めて全額弁済することを前提として、支払期限を最長10年間、再生債務者が70歳を越えない範囲で延長することができる（同条2項2号）。

4）適切である。個人再生手続（小規模個人再生手続および給与所得者等再生手続）では、費用対効果を勘案して、再生計画の履行監督機関を設けず、再生計画認可の法定の確定によって手続は当然に終結する（民事再生法233条、244条）。このため、個人再生手続を利用する再生債務者については、再生計画の履行に際して、予期せぬ事態によって当初の再生計画の履行が困難となった場合の救済措置として、手続終結後であっても再生計画の変更をすることができ（同法234条、244条）また、その再生計画履行の最中であっても、一定の条件のもとで残債務の免責を得る手続としてハードシップ免責が認められている（民事再生法235条、244条）。

正解　1）

第 6 章

総合問題

6-1 預金の相続（Ⅰ）

【問】次の事例に基づいて、下記の各問に答えなさい。

〈事例〉X銀行Y支店の個人顧客Aが死亡した。Aには死亡当時、妻B、子C、子D、父Eおよび兄Fがおり、Aは遺産をすべて子Cに相続させるとする遺言を作成していた。

《問1》遺言および遺留分に関する次の記述のうち、適切なものをすべて選びなさい。

1）公証人に作成してもらう公正証書遺言は、民法の定める方式に従わなければ効力を生じないが、遺言者本人が自ら作成する自筆証書遺言は方式を問わず有効である。

2）被相続人の兄弟姉妹が相続人となる場合は、遺産のうち6分の1が遺言によっても奪われない遺留分として保障されている。

3）遺言者は、いつでも、遺言の方式に従って、その遺言の全部または一部を撤回することができる。

《問2》遺留分に関する以下の文章の空欄に入る語句として、最も適切なものはどれか。

・子Dに認められる具体的な遺留分割合は、遺留分を算定するための財産の価額のうち（　　　　）である。

1）0（ゼロ）
2）8分の1
3）4分の1
4）2分の1

・解説と解答・

《問1》

1) 不適切である。遺言は自筆証書遺言も含めて民法の定める方式によらなければ効力を生じない（民法960条、967条～970条）。なお、2019年の民法改正により、同年1月13日以降に作成された自筆証書遺言については、パソコン等で作成した目録や、預金通帳のコピーや不動産の登記事項証明書等を自筆証書に一体のものとして添付して遺言書を作成できるようになった。その場合、その添付した目録の全ページに署名押印をする必要がある（同法968条2項）。

2) 不適切である。兄弟姉妹は遺言によっても奪われない遺留分を有しない（民法1042条1項）。

3) 適切である（民法1022条）。

正解　3）

《問2》

　兄弟姉妹以外の相続人には遺留分が認められており、原則として、遺留分を算定するための財産の価額に対して、次の割合を乗じた額となる。

　　1．直系尊属のみが相続人である場合：3分の1

　　2．上記以外の場合：2分の1

　また、相続人が複数いる場合は、上記の割合に各法定相続分を乗じた割合が、具体的な遺留分割合となる。したがって、本事例の場合、子Dの法定相続分は4分の1であるから、子Dの具体的な遺留分割合は、2分の1×4分の1＝8分の1となる（民法1042条）。

正解　2）

6－2　預金の相続（Ⅱ）

【問】次の事例に基づいて、下記の各問に答えなさい。

〈事例〉　X銀行Y支店の個人顧客Aが死亡した。Aには死亡当時、妻B、実子Cおよび養子Dがいたが、BはAの葬儀費用に充てたいとしてX銀行Y支店に対してA名義普通預金の払戻しを請求している。なお、Aの遺言の有無は不明である。

《問1》預金者の死亡に関する次の記述のうち、適切なものをすべて選びなさい。

　1）相続預金は遺産分割の対象とされるので、X銀行Y支店は、Bからの葬儀費用の払戻請求にはいっさい応じることはできない。

　2）銀行による遺言の有無の確認方法は、相続人に口頭で遺言の有無を確かめる等の調査をすれば足りる。

　3）相続預金は遺産分割の対象であるため、相続人はほかの相続人の同意がなければ、単独で預金口座の取引経過の開示を求めることはできない。

《問2》法定相続分に関する以下の文章の空欄に入る語句として、最も適切なものはどれか。

　　・本事例における妻Bの法定相続分は（　①　）、養子Dの法定相続分は（　②　）である。

　1）①　2分の1　　②　6分の1
　2）①　3分の1　　②　6分の1
　3）①　4分の1　　②　8分の1
　4）①　2分の1　　②　4分の1

・解説と解答・

《問 1》

1）不適切である。預金債権が遺産分割の対象とされることになるとともに（最決平28.12.19民集70巻 8 号2121頁・金法2061号68頁。なお、当該決定において判断の対象とされているのは、普通預金債権、通常貯金債権および定期貯金）、2019年の民法改正により、同年 7 月 1 日以後は、「相続された預貯金債権の仮払い制度」が適用されている。すなわち、遺産に属する預貯金債権のうち、その相続開始時の額の 3 分の 1 に当該相続人の法定相続分を乗じた金額については、他の共同相続人の同意がなくても、相続人単独でその権利を行使できる（民法909条の 2）。ただし、一金融機関に被相続人の複数の預金口座が存する場合、その各口座の残高ごとに前記割合を乗じて算出された額の合計額が150万円を超えるときは、150万円を限度とする（民法第909条の 2 に規定する法務省令で定める額を定める省令）。そして、その各口座の残高ごとに前記割合を乗じて算出された額の範囲内であれば、前記限度額に満つるまでどの口座からいくら払戻しを受けるかは、払戻しを請求した相続人の判断によると解されている。なお、この仮払い制度があるからといって、便宜的な仮払いの必要性を検討する必要がなくなったわけではない。

2）適切である。公証役場における公正証書遺言の検索は、遺言者の死後であっても相続人等の利害関係人しか依頼することができず、また自筆証書遺言については銀行独自に調査する方法がないため、相続人に口頭で遺言の有無を確かめる程度の調査をすれば足り、それ以上の調査義務はない。

3）不適切である。預金口座の取引経過の開示を求める権利は、共同相続人全員に帰属する預金契約上の地位に基づくものであるから、各相続人は単独で行使することができる（最判平21.1.22民集63巻 1 号228頁・金法1864号27頁）。

正解　2）

《問 2》

　配偶者および子の相続分は、各 2 分の 1 である（民法900条 1 号）。また、子が数人あるときは、各自の相続分は相等しいものとされる（同条 4 号）。なお、子の相続分は実子であろうと養子であろうと差異はない。したがって、本事例の場合、妻Bの相続分は 2 分の 1 で、残りの 2 分の 1 を実子Cと養子Dで按分することになり、養子Dの相続分は 2 分の 1 × 2 分の 1 ＝ 4 分の 1 となる。

正解　4）

6－3　差押えの競合（Ⅰ）

【問】次の事例に基づいて、下記の各問に答えなさい。

〈事例〉 X銀行Y支店は、A地方裁判所から個人顧客Bの預金に対し、差押額を80万円とする差押命令書の送達を受けた後、同じBの預金に対し、別の債権者による差押額を50万円とする差押命令書の送達を受けた。なお、Bの預金は普通預金だけであり、その残高は100万円である。

《問1》預金債権の仮差押え、差押えに関する次の一般的な記述のうち、適切なものをすべて選びなさい。

1）差押命令により、債務者（預金者）は債権の取立てその他の処分が禁止され、第三債務者である金融機関は債務者への弁済が禁止され、債務者に対して差押命令が送達された日から1週間が経過すると、差押債権者は債権を取り立てることができるようになる。

2）1つの預金債権に一部差押えが複数あった場合、差押債権額の合計が預金残高の範囲内であっても、差押えが複数あれば差押えの競合となり、第三債務者である金融機関は供託しなければならない。

3）第三債務者である金融機関に転付命令が送達された後に、別の債権者が当該預金を差し押さえたとしても、差押えの効力は生じない。

《問2》差押えの競合に関する以下の文章の空欄に入る語句として、最も適切なものはどれか。

・本事例において、X銀行Y支店は、差押えの対象となっている顧客Bの預金の全額を（　　　）。

1）各債権者に按分弁済する準備をしなければならない

2）別段預金に移さなければならない

3）そのままの状態にしなければならない

4）供託しなければならない

・解説と解答・

《問1》

1）適切である。差押命令の効力の発生により、債務者は、債権の取立てその他の処分が禁止され、第三債務者は、差押命令送達後、債務者に対し差押債権を弁済することが禁止される（民事執行法145条1項）。なお、差押債権者の取立権は、債務者に対して差押命令が送達された日から1週間を経過したときに発生する（同法155条1項）。

2）不適切である。差押債権額の合計が預金残高の範囲内であれば、各債権者はそれぞれ全額の回収が可能なため差押えの競合とはならず、第三債務者に供託の義務はない。なお、金融機関（第三債務者）が取立訴訟の訴状の送達を受けるまでに、差押えに係る金銭債権のうち、差し押さえられていない部分を超えて発せられた（仮）差押命令の送達を受けたときには、差押えの競合として、金融機関は差押債権の全額に相当する額を供託する義務を負う（義務供託）（民事執行法156条2項）。

3）適切である。転付命令が確定すると、転付命令の効力は第三債務者への送達時に発生するので（民事執行法160条）、別の債権者が行った差押えは効力を生じない。

正解　1）、3）

《問2》

　第三債務者であるX銀行Y支店は、差押えが競合した場合、その差押債権全額（預金額全額）に相当する金銭を供託しなければならない（民事執行法156条2項）。

　これは、差押えの効力としては第三債務者の債務者に対する弁済を禁じるにすぎないものの、ほかの債権者が差押えを受けた預金債権について重ねて差押えを行った結果、複数の差押債権者が取立権を取得し、単独回収することもできるとすると早い者勝ちとなり不公平となる。そこで、差押債権者間の平等分配を実現するため、差し押さえられた預金債権相当額を供託のうえ、裁判所の配当手続により分配を行うこととしたものである。

正解　4）

6−4 差押えの競合（Ⅱ）

【問】次の事例に基づいて、下記の各問に答えなさい。

〈事例〉X銀行Y支店は、個人顧客Cの預金に対する、A地方裁判所からの強制執行による差押命令書の送達を受けるとともに、B税務署からの滞納処分による債権差押通知書の送達を受けた。なお、Cの預金は普通預金だけであり、その残高は200万円である。

《問1》預金への差押えに関する次の記述のうち、適切なものをすべて選びなさい。

1）強制執行による差押命令書が送達された後に、滞納処分による債権差押通知書が送達された場合で、しかも強制執行による差押額が50万円、滞納処分による差押額が80万円のとき、X銀行は差押えに係る預金の全額に相当する金銭を供託しなければならない。

2）強制執行による差押命令書の送達と、滞納処分による債権差押通知書の送達の前後や、その各差押額の多寡にかかわらず、強制執行による差押命令に対して陳述書の提出を求められた場合、第三債務者は差押命令の送達を受けた日から2週間以内に陳述書を執行裁判所に送付しなければならない。

3）滞納処分による債権差押通知書が送達された後に、強制執行による差押命令書が送達された場合で、しかも滞納処分による差押額が180万円、強制執行による差押額が50万円の場合、X銀行は差押えに係る預金の全額に相当する金銭を供託しなければならない。

《問2》本事例において、差押えの競合に関する以下の文章の空欄に入る語句の組合せとして、最も適切なものはどれか。

・強制執行による差押命令書が送達された後に、滞納処分による債権差押通知書が送達された場合で、しかも強制執行による差押額が50万円、滞納処分による差押額が100万円の場合、第三債務者であるX銀行は（　①　）として、差押債権全額を供託（　②　）、また、強制執行による差押額が150万円、滞納処分による差押額が80万円の場合は、第三債務者であるX銀行は（　③　）として、差押債権

　　全額を供託（　④　）。

1）①義務供託　②することができ　　③執行供託
　　④することができる
2）①執行供託　②しなければならず　③弁済供託
　　④しなければならない
3）①権利供託　②することができ　　③義務供託
　　④しなければならない
4）①弁済供託　②しなければならず　③権利供託
　　④することができる

・解説と解答・

《問1》

1）不適切である。第三債務者であるX銀行は、強制執行による差押えがなされた預金債権について、さらに滞納処分による差押えがなされ、差押額の合計額が預金額を上回り、差押えが競合したときは、その預金債権の全額に相当する金銭を供託しなければならないが（滞調法36条の6第1項）、差押えの競合でない場合は供託の義務はない。なお、同項は、同様に義務供託を定める民事執行法156条2項と異なり、単に「第三債務者は、…その差押えがされている金銭債権について滞納処分による差押えがされたとき」と規定しているだけで、差押えの競合の場合に限って供託義務が発生するのか明確ではないが、差押えが競合する場合の規定であることが通達によって示されている。

2）適切である。陳述の催告を受けた第三債務者は、陳述義務を負うことになり、差押命令の送達を受けた日から2週間以内に陳述書を執行裁判所に送付しなければならない（民事執行法147条）。

3）不適切である。滞納処分が先行する場合、徴収職員は差し押さえた債権の取立てが可能で（国税徴収法67条1項）、X銀行はそれに応じて支払ってもよいし、差押債権全額を供託してもよい（権利供託）（滞調法20条の6第1項）。なお、第三債務者であるX銀行が差押債権を供託した場合には、事情届を徴収職員等に提出しなければならない（同条2項）。

<u>**正解**　2）</u>

《問2》

　強制執行による差押命令書が送達された後に、滞納処分による債権差押通知書が送達された場合で、双方の差押額の合計が差押債権額を超過しない場合、すなわち、強制執行による差押額が50万円、滞納処分による差押額が100万円であるような場合には、第三債務者であるＸ銀行は権利供託として、差押債権全額を供託することができる（民事執行法156条１項）。また、双方の差押額の合計が差押債権額を超過する場合、すなわち強制執行による差押額が150万円、滞納処分による差押額が80万円であるような場合は、第三債務者であるＸ銀行は義務供託として、差押債権全額を供託しなければならない（滞調法36条の６第１項）。

正解　　3）

6-5　電子記録債権

【問】次の事例に基づいて、下記の各問に答えなさい。

〈事例〉X銀行Y支店は、行内で電子記録債権の仕組みがよくわからないという声があがったのを機に、電子記録債権について勉強会を行うことにした。

《問1》電子記録債権に関する次の記述のうち、適切なものをすべて選びなさい。
1）電子記録債権は、分割して譲渡や割引することができる。
2）電子記録債権は、債権者である譲渡人と譲受人との合意のみで譲渡でき、譲渡記録は債務者に対する対抗要件である。
3）電子記録債権は、印紙税と登録免許税のいずれも課されない。

《問2》全国銀行協会が設立した電子債権記録機関である株式会社全銀電子債権ネットワーク（以下、「でんさいネット」という）の電子記録債権（以下、「でんさい」という）に関する次の記述のうち、最も適切なものはどれか。

1）でんさいネットは、利用者と窓口金融機関とでんさいネットの三者間で利用契約を締結すれば利用できるため、でんさい取引の相手方（債権者、譲受人、保証人等）は利用者である必要がない。
2）電子記録債権に対して滞納処分による差押えがなされた場合、滞納者はその電子記録債権の取立てその他の処分または電子記録の請求が禁止され、第三債務者はその電子記録債権の履行が禁止され、電子債権記録機関はその電子記録債権に係る電子記録が禁止される。
3）でんさいは、支払方法を分割払いとして発生させることができる。
4）でんさいネットのコンピュータシステムのサービス停止日をでんさいの発生日にする場合でも、予約請求のみならず、当日付請求もできる。

● 解説と解答 ●

《問1》

1）適切である。（電子記録債権法43条）。従前から、事業者の資金調達の円滑化のために、その事業者の有する債権を一部分割可能とすることが求められていたものの、手形債権においては、手形という紙片と不可分であったことから、その手形債権の一部の譲渡を認めることはできなかった。それに対して、電子記録債権においては、債権記録の記録内容によってその内容が定まることから、分割について制約を受けることがなく、債権を分割して、その一部を譲渡することが認められた。

2）不適切である。電子記録債権の譲渡は、譲渡記録をしなければ、その効力を生じない（電子記録債権法17条）。すなわち、電子記録債権の譲渡人（電子記録債権の債権者）とその譲受人の双方が電子記録債権機関に対して譲渡記録の請求を行い（同法5条1項）、これにより電子記録債権機関が譲渡記録を行うことにより（同法7条1項）、譲渡がなされる。電子記録債権の譲渡においては、前記のとおり譲渡記録が譲渡の効力要件とされ、債務者は当該記録の開示を求めることができることから（同法87条）、債務者対抗要件は必要とされていない。

3）適切である。印紙税は「文書」に課されるもの（印紙税法2条）、登録免許税は「登記、登録、特許、免許、許可、認可、認定、指定及び技能証明」に課されるものであることから（登録免許税法2条）、電子記録債権は、手形と異なり、印紙税は課されず、また、登録免許税も課されない。そのため、利用にあたり税法上のメリットがあるといえる。

正解　1）、3）

《問2》

1）不適切である。でんさいネットを利用するためには、でんさい取引の相手方（債権者、譲受人、保証人等）も利用者である必要がある。

2）適切である（国税徴収法62条の2第2項、同法施行令21条3項2号、27条2項3号、4号）。なお、電子記録債権の滞納処分による差押えは、債権差押通知書が記録機関に送達された時にその効力が生ずるが、第三債務者との関係においては、債権差押通知書が第三債務者に送達された時にその効力が生ずる（同法62条の2第3項）。

3）不適切である。でんさいの支払方法は一括払いのみであり、分割払いのでんさいを発生させることはできない（株式会社全銀電子債権ネットワーク

業務規程30条 2 項 7 号、同業務規程細則17条 9 項 2 号）。

4 ）不適切である。銀銀行休業日をでんさいの発生日にすることができ、その場合には、予約請求も当日付請求のいずれも可能である。一方、でんさいネットがシステムのメンテナンス等のためにでんさいネットシステムのオンラインサービスの停止日としている、毎月第 2 土曜日の計画停止日等のサービス停止日をでんさいの発生日にすることも可能であるが、サービス停止日を発生日にする場合は、予約請求のみ可能で、当日付請求（サービス停止日当日の請求）はできない。

正解　2 ）

6－6　受取人欄白地手形の取立委任と白地補充義務

【問】次の事例に基づいて、下記の各問に答えなさい。

〈事例〉 X銀行Y支店の行員Kは、来店したA社の代表取締役Bから、受取人欄白地の約束手形について取立ての依頼を受けた。

《問1》 白地の補充に関する次の記述のうち、適切なものをすべて選びなさい。

1） X銀行Y支店には白地補充の義務はないが、取立手形として受け入れる以上、手形所持人であるA社に対して、白地部分を補充するよう促す義務がある。

2） 当座勘定規定や代金取立規定において、白地部分の補充は取引先が行うものとされている。

3） X銀行Y支店は取立委任を受けたので、白地部分を補充することができる。

《問2》 取立委任に関する以下の文章の空欄に入る語句として、最も適切なものはどれか。

・顧客が銀行に手形の取立てを依頼した場合の法律関係は準委任関係であり、銀行は受任者として、（　　　　）をもって委任事務を処理する必要がある。

1） 固有の財産におけるのと同一の注意

2） 善良な管理者の注意

3） 自己の財産に関するのと同一の注意

4） 委任事務の性質に従い相当の注意

・解説と解答・

《問1》

1）不適切である。受取人は、約束手形の支払を受け、または第1の裏書人として裏書譲渡して支払を受ける者を指図する者として、約束手形の必要的記載事項とされている（手形法75条5号）。ただし、当該記載は手形債権者が誰であるかを示すだけであって、手形債務の内容を確定させるものではないことから、実務上、受取人欄が記載されないままに振り出されることがよくあるが、受取人欄の記載がない手形は、白地手形として未完成の手形ということになる。そのため、そのような白地手形の取立依頼に際しては、当該白地部分を埋めて完成手形とすべきであるが、実際には、白地のまま取立依頼され、さらには支払呈示されることがある。そのため、当座勘定規定においては、支払銀行は受取人の記載が白地であっても、その手形の支払ができることとされ（当座勘定規定ひな型17条1項）、実務上、決済資金が存在していれば、受取人欄が白地のままで支払呈示されても、決済されることとなっている。ただし、あくまで未完成手形の状態での支払呈示であることから、手形法に定める支払呈示としての効果は認められず、不渡となった場合に裏書人への遡求権の行使はできない。それゆえ、当座勘定規定や代金取立規定において、当座勘定に受け入れた白地手形について、銀行は白地を補充する義務は負わない旨を明示しており（当座勘定規定ひな型1条2項、代金取立規定ひな型2条1項）、法的には、銀行自体が白地補充をしたり、あるいは白地補充を促す義務はないとされている。

2）適切である。1）を参照。

3）適切である。取立委任を受けた金融機関は、所持人からの委任を受けた代理人として、白地を補充することができる。

正解　2）、3）

《問2》

　顧客が銀行に手形の取立てを依頼した場合の法律関係は準委任であり、準委任には委任の規定が準用されるので（民法656条）、銀行は受任者として、善良な管理者の注意をもって、委任事務を処理する義務を負う（同法644条）。

正解　2）

6－7　受取人欄白地手形の不渡と支払呈示の効力等

【問】次の事例に基づいて、下記の各問に答えなさい。

〈事例〉電子交換所システムに登録されたＸ銀行Ｙ支店宛の約束手形のなか
に、受取人欄白地の約束手形があった。

《問１》本事例における約束手形に関する次の記述のうち、適切なものを
すべて選びなさい。

1) 受取人欄白地の約束手形であることから、Ｘ銀行Ｙ支店は「形式不
備」により不渡とすることができる。

2) 受取人欄白地の約束手形であっても、Ｘ銀行Ｙ支店は取引先の事前
の了解なく支払を行うことができる。

3) 受取人欄白地の約束手形であるが、「資金不足」により不渡となっ
た場合には、所持人は裏書人に対する遡求権を行使することができ
る。

《問２》当座勘定規定における白地手形に関する以下の文章の空欄に入る
語句として、最も適切なものはどれか。

・当座勘定規定においては、振出日白地の（　　　）手形と受取人白
地の手形とは、その支払に関して同様の取扱いがなされている。

1) 一覧払
2) 一覧後定期払
3) 日附後定期払
4) 確定日払

・解説と解答・

《問1》

1）不適切である。受取人は、約束手形の支払を受け、または第1の裏書人として裏書譲渡して支払を受ける者を指図する者として、約束手形の必要的記載事項とされている（手形法75条5号）。ただし、当該記載は手形債権者が誰であるかを示すだけであって、手形債務の内容を確定させるものではないことから、実務上、受取人欄が記載されないままに振り出されることがよくある。この受取人欄の記載がない手形は、あくまで白地手形として未完成の手形ということになるため、取立依頼に際しては、当該白地部分を埋めて完成手形とすべきであるが、実際には、白地のまま支払呈示されることがある。そのため、当座勘定規定においては、支払銀行は受取人の記載が白地の手形であっても、当該手形の支払ができることとされ（当座勘定規定ひな型17条1項）、実務上、決済資金が存在していれば、受取人欄白地のままで支払呈示されても、決済されることとなっている。以上から、受取人欄白地の手形については、それを理由として不渡返還できないものとされている（電子交換所規則施行細則33条1項1号）。

2）適切である。当座勘定規定ひな型17条1項では、受取人欄白地の手形については、あらかじめ取引先、すなわち約束手形の振出人に連絡することなく決済できるとされている。

3）不適切である。1）および2）記載のとおり、受取人欄白地の手形について白地のまま支払呈示を行った場合、銀行からの支払を受けることはできるものの、あくまで、未完成手形の状態での支払呈示であることから、手形法に定める支払呈示としての効果は認められず、不渡となった場合には裏書人への遡求権の行使はできない。

正解　2）

《問2》

当座勘定規定ひな型17条では、確定日払手形で振出日の記載のないもの、または手形で受取人の記載のないものが呈示されたときは、その都度連絡することなく支払ができるとされている。

正解　4）

6－8　線引小切手と小切手法上の取扱い

【問】次の事例に基づいて、下記の各問に答えなさい。

〈事例〉 X銀行Y支店にX銀行の取引先ではないAが来店し、同支店を支払人とする一般線引小切手を呈示してその支払を求めた。

《問1》本事例における、その一般線引小切手に係るX銀行Y支店の対応に関する次の記述のうち、適切なものをすべて選びなさい。

1）支払呈示された小切手を確認すると呈示期間内であり、線引部分が抹消されていて、当該抹消部分に振出人の届出印が押印されていたので、X銀行Y支店はAに小切手金を支払うこととした。

2）支払呈示された小切手を確認すると呈示期間内であり、その裏面には、振出人の届出印が押捺されたうえ、振出人の署名もあったので、X銀行Y支店はAに小切手金を支払うこととした。

3）支払呈示された小切手を確認すると呈示期間は経過していたが、その裏面を確認すると、振出人の届出印が押捺されており、また、口座に支払資金があったので、X銀行Y支店はそのままAに小切手金を支払うこととした。

《問2》小切手の支払呈示期間に関する以下の文章の空欄に入る語句として、最も適切なものはどれか。

　・国内で振り出し、かつ支払うべき小切手の支払呈示期間は、振出日として記載された日（　　　）である。

1）から起算して10日間
2）から起算して20日間
3）の翌日から起算して10日間
4）の翌日から起算して20日間

・解説と解答・

《問1》

1）不適切である。一般線引小切手とは、小切手表面に引かれた2本の平行線内に何も記載されていないか、「銀行」もしくはこれと同一の意義を有する記載がなされている小切手であり、当該小切手の支払人は、銀行または支払人の取引先に対してしか小切手金を支払うことができない（小切手法37条1項、2項、3項第1文、38条1項）。また、いったんなされた線引は、抹消することができず、抹消されても抹消されなかったものとみなされる（同法37条5項）。それゆえ、当該小切手の線引は抹消されていないこととなり、X銀行Y支店は、自行の取引先ではないAに対して、小切手金を支払うことはできない。

2）適切である。裏判は、線引の効力を排除する、支払人である銀行と振出人である当座取引先との間の特約であるとして認められている（最判昭29.10.29）。そして、当座勘定規定においては、「線引小切手が呈示された場合、その裏面に届出印の押なつ（または届出の署名）があるときは、その持参人に支払うことができるものとします」とされている（当座勘定規定ひな型18条1項）。

3）不適切である。小切手の支払呈示期間内に支払呈示がなされなければ、振出人は小切手債務（遡求義務）を免れるものの、原因債務をも免れるものではないことから、小切手法は、振出人からの支払委託の取消しがない限り、支払人は支払呈示期間経過後も支払権限を有していることとしている（同法32条2項）。そのため、支払人であるX銀行Y支店は支払権限があり、また、裏判も存在していることから、通常どおりその支払資金を使用してAに小切手金を支払うことも法律的には可能であるが、呈示期間経過後というイレギュラーな状況になっていることは明らかであり、振出人の支払委託取消の意思表示が何らかの事情により遅れていることも考えられることから、支払人としては、振出人に対して支払委託の取消しの意思の有無を問い合わせたうえで、その指示に従うべきである。　　正解　2）

《問2》

　国内で振り出し、かつ支払うべき小切手の支払呈示期間は10日間とされ、当該起算日は振出日として記載された日とされている（小切手法29条1項、4項）。ただし、期間の計算では、初日を算入しないので（同法61条）、振出日として記載された日の翌日から起算して10日間となる。　　正解　3）

194

6-9 小切手および預手の紛失

【問】次の事例に基づいて、下記の各問に答えなさい。

〈事例〉 A社は、取引銀行であるX銀行Y支店に自己宛小切手を発行してもらった当日に当該小切手を紛失した。そこでA社はその翌日、X銀行Y支店に対して当該小切手を紛失した旨を届け出るとともに、支払の差止依頼を行った。その後、その紛失小切手の所持人からX銀行Y支店に対して支払呈示があった。

《問1》本事例における小切手の取扱いに関する次の記述のうち、適切なものをすべて選びなさい。

1) A社のX銀行Y支店に対する、当該小切手を紛失した旨の届出および支払の差止依頼は、支払委託の取消しには当たらない。

2) A社のX銀行Y支店に対する、当該小切手を紛失した旨の届出および支払の差止依頼は、支払委託の取消しに当たるが、紛失小切手の所持人から支払呈示期間内に支払呈示があった場合、X銀行Y支店は支払を拒絶することができない。

3) A社のX銀行Y支店に対する、当該小切手を紛失した旨の届出および支払の差止依頼は、支払委託の取消しには当たらないが、紛失小切手の所持人から支払呈示期間経過後に支払呈示があった場合には、X銀行Y支店は支払を拒絶することができる。

《問2》小切手の紛失に際しての事故届に関する以下の文章の空欄に入る語句として、最も適切なものはどれか。

・甲振出の小切手を所持人乙が紛失した場合、支払金融機関に対する事故届は（　　　　）提出することとなる。

1) 所持人乙が単独で
2) 振出人甲が単独で
3) 所持人乙と振出人甲が共同して
4) 所持人乙の取引先銀行から

・解説と解答・

《問 1 》

1 ）適切である。当座勘定取引先からの金融機関に対する、その取引先の振出に係る当座小切手の紛失の届出および支払の差止依頼は、支払委託の取消しに当たる。しかし、金融機関自体が振り出した自己宛小切手の場合、その金融機関自体が振出人と支払人を兼ねるので、支払委託の取消しには当たらないと解されている。

2 ）不適切である。 1 ）の解説参照。

3 ）適切である。 1 ）のとおり、自己宛小切手の紛失の届出および支払の差止依頼は支払委託の取消しには当たらないが、当該小切手が支払呈示期間経過後に支払呈示された場合には、振出人である金融機関は小切手所持人に対する遡求義務を負わないので、安易に支払うべきではなく、小切手を紛失したＡ社と所持人間での解決を待つべきである。

正解　1 ）、3 ）

《問 2 》

　支払金融機関に事故届を提出することができるのは、当座勘定取引先、すなわち小切手の振出人である甲だけである。

正解　2 ）

6－10　電子交換所における不渡異議申立て等

【問】次の事例に基づいて、下記の各問に答えなさい。

〈事例〉　AがX銀行を通じて電子交換において交換呈示したB振出の約束手
　　　形について、支払銀行であるY銀行は振出人Bから当該手形を不渡とした
　　　うえで異議申立てを行うよう依頼された。

《問1》前記Y銀行からの異議申立てに関する次の記述のうち、適切なも
　のをすべて選びなさい。

1）Y銀行は、振出人Bが当該手形の決済資金を保有していることを確
　　認したうえで、電子交換所に対して異議申立てを行う必要がある。

2）Y銀行は、振出人Bから当該手形金額相当額の預入れを受けたうえ
　　で、電子交換所に対して異議申立てを行う必要がある。

3）手形交換所の場合と異なり、Y銀行は、当該手形の交換日の翌営業
　　日の午後3時までに、電子交換所に対して異議申立てを行う必要が
　　ある。

《問2》電子交換所に対する不渡異議申立てに関する以下の文章の空欄に
　入る語句として、最も適切な組合せはどれか。

　・不渡異議申立ては、振出人等に関する不渡報告等への掲載を猶予し
　　てもらうために、支払銀行が（　①　）不渡事由の不渡情報登録に
　　対して、（　②　）の預入れを受けて行うものである。

1）①0号　　　　　　　　②異議申立預託金
2）①第1号　　　　　　　②手形金額
3）①第2号　　　　　　　②異議申立預託金
4）①第1号および第2号　②異議申立提供金

・解説と解答・

《問1》

1）不適切である。2022年11月2日をもって全国の手形交換所が廃止され、同月4日からは、全国銀行協会の運営する電子交換所で全国統一的に手形・小切手の交換が開始された。そのため、手形交換に関する規則も、各手形交換所の定める手形交換所規則から電子交換所規則へと変更となり、その規則変更によって異議申立ての手続も変更となっている。すなわち、支払金融機関が振出人等の不渡報告や取引停止報告への掲載の猶予を受けるために電子交換所に対して異議申立てを行うに際しては、支払金融機関が振出人等から不渡手形金額相当額（異議申立預託金）の預入れを受けたうえで行う必要がある（電子交換所規則45条2項、電子交換所規則施行細則38条1項）。そして、従前の手形交換所規則では、支払金融機関が異議申立てを行うに際して、手形交換所に不渡手形金額相当額の異議申立提供金を提供して行うことが規定されていたが（東京手形交換所規則66条1項）、電子交換所規則においては、支払金融機関が振出人等から前記異議申立預託金の預託を受けたうえで、電子交換所に対して異議申立書を提出することとされている。

2）適切である。1）を参照。

3）不適切である。支払金融機関による異議申立ての期限は、手形交換所の場合と同様に、「交換日の翌々営業日の午後3時まで」となっている（東京手形交換所規則66条1項、電子交換所規則45条1項）。

正解　2）

《問2》

不渡異議申立ては、振出人等に関する不渡報告等への掲載を猶予してもらうために、支払銀行が第2号不渡事由の不渡情報登録に対して、異議申立預託金の預入れを受けて行うものである（電子交換所規則45条2項）。異議申立ては、振出人等が資金不足によって支払を拒絶したのではなく、正当な抗弁事由の存在を主張して不渡報告等への掲載の猶予を受けようとするものであるから、第2号不渡事由の不渡情報登録についてのみ行われる（同条1項）。

正解　3）

6-11　貸金庫内容物の差押え

【問】次の事例に基づいて、下記の各問に答えなさい。

〈事例〉X銀行Y支店で貸金庫を利用している個人事業主Aが、同支店で貸金庫の開扉を依頼したところ、Y支店の担当者から、Aの利用している貸金庫について、その貸金庫の内容物の引渡請求権に対する差押命令が、昨日、Y支店に送達されていると告げられた。

《問1》貸金庫内容物引渡請求権の差押えおよび契約者Aの貸金庫開扉依頼に関する次の記述のうち、適切なものをすべて選びなさい。

1）X銀行Y支店は、差押命令送達後に、執行官から貸金庫内容物の引渡請求を受けた場合、当該貸金庫のマスターキーによる解錠を行い、副鍵を執行官に交付すればよく、同支店自ら貸金庫の開扉を行う必要はない。

2）X銀行Y支店は、差押命令が送達された後は、差押対象債権の第三債務者として債務の履行が禁じられるが、Aが貸金庫の内容物を見るだけで同支店の行員が立会のもとで確認する条件であれば、開扉に応じることができる。

3）X銀行Y支店は、Aの利用する貸金庫の内容物引渡請求権に対する差押命令を受けた後の開扉依頼であっても、Aから新たな品物を収納するだけである旨の確認ができれば、依頼に応じてもさしつかえない。

《問2》貸金庫取引に関する以下の文章の空欄に入る語句として、最も適切なものはどれか。

　　・銀行の貸金庫取引の法律関係は、（　　　　）契約である。

1）賃貸借
2）使用貸借
3）消費寄託
4）寄託

・解説と解答・

《問1》
1) 適切である。貸金庫内容物の引渡しは、貸金庫規定に基づき、利用者が内容物を取り出せる状態にすることで終了する。
2) 不適切である。債権の差押命令は、第三債務者（X銀行）に送達された時に効力を生じ（民事執行法145条5項）、債務者に対しては債権の取立てその他の処分が禁止され、第三債務者に対しては債務者への弁済が禁止される（同条1項）。そして、第三債務者である銀行の貸金庫契約における債務は、契約者が内容物を出し入れできる状態に置くことであることから、Y支店は貸金庫の開扉に応じることができないこととなる。
3) 不適切である。2)のとおり、貸金庫の開扉に応じることができなくなる。

正解　1)

《問2》
　貸金庫取引は、銀行の営業店内にある金庫の一区画およびそこに格納された保護函を顧客に有償で使用（賃貸借）させるものである。

正解　1)

6−12　保険の販売（タイミング規制）

【問】次の事例に基づいて、下記の各問に答えなさい。

〈事例〉特定保険募集人であるＸ銀行Ｙ支店では、今期生命保険の販売に力を入れており、同支店の行員Ｔは、対象顧客の洗い出しを行っていた際に、取引先Ａ社の代表取締役社長Ｂから同支店に融資申込みを行ったところであると聞き、ＴはＢに対して、Ａ社を契約者、Ｂを被保険者とする生命保険の提案および説明を行い、加入を勧めた。

《問１》融資取引先Ａ社のＢ社長の融資申込みと、Ｂ社長に対する生命保険の勧誘に関する次の記述のうち、適切なものをすべて選びなさい。

1）Ｂ社長が自宅建替のための住宅ローンを申し込んでいた場合、行員Ｔが、これを知って生命保険の勧誘を始めたことは、融資申込先への生命保険募集規制に反するので、直ちに中止しなければならない。

2）Ｂ社長がＡ社の運転資金のための融資を申し込んでいた場合、行員ＴがＢ社長への生命保険の勧誘を優先するには、Ｂ社長に法令の説明を行い、いったん融資の申込みを取り下げてもらい、生命保険契約の締結後に再度融資を申し込んでもらえばよい。

3）行員Ｔが、Ｂ社長に対して生命保険の勧誘を始めた後で、Ｂ社長がＡ社の運転資金のための融資を申し込んでいたことを知った場合、生命保険の勧誘を直ちに止める必要があるが、融資契約締結後には、Ｂ社長への当該生命保険の勧誘を再開することができないわけではない。

《問２》生命保険の募集業務に関する以下の文章の空欄に入る語句として、最も適切なものはどれか。

・行員Ｔによる生命保険の募集により、Ａ社を契約者、Ｂ社長を被保険者とする生命保険契約は、Ａ社と（　　　　）間で締結することになる。

1）Ｘ銀行の２者　　　　3）Ｘ銀行、生命保険会社の３者
2）生命保険会社の２者　4）Ｂ社長、生命保険会社の３者

・解説と解答・

《問1》

1）不適切である。銀行員が融資申込先へ生命保険募集を行うことを禁止する、いわゆるタイミング規制は、事業性融資の申込みの場合であって、非事業性融資には適用されない（保険業法施行規則234条1項10号）。

2）不適切である。保険募集のために意図的に銀行融資の申込みを妨げる行為を行うことは禁止されている（保険会社向けの総合的な監督指針Ⅱ－4－2－6－7）。

3）適切である。本来、B社長の融資申込みの目的が何かは、行員であれば容易に判明するものであり、それに気付かず勧誘を始めたことに問題がないわけではない。ただ、いわゆるタイミング規制は、事業性融資の申込みがあることを知りながら銀行員が保険契約の締結の代理等を行うことを禁止していることから（保険業法施行規則234条1項10号）、事業性融資であることを知った以上、直ちに保険勧誘を止めるべきである。その場合、融資がなされた後には、タイミング規制の対象とはならないことから、その保険勧誘を再開できないわけではないと考えられる。

<u>正解　3）</u>

《問2》

　生命保険契約が法人契約の場合の契約当事者は、法人（A社）と生命保険会社である。ただし、生命保険の契約者以外の者を被保険者とすることから、被保険者となるB社長の同意がなければ、当該生命保険契約は無効となる（保険法38条）。

<u>正解　2）</u>

6-13　投資信託の販売（損失補塡の禁止）

【問】次の事例に基づいて、下記の各問に答えなさい。

〈事例〉登録金融機関として金融商品取引業務を行うX銀行は、個人顧客A
から、預金金利が低すぎるので、もっと高い利回りの金融商品はないかと
いう相談を受けた。X銀行の担当者Sは、Aがこれまで資産運用の経験が
ないということを聞いて、比較的価格変動リスクの低い投資信託を紹介
し、預金と異なり元本の保証はないことも説明した。

《問1》金融商品取引法に規定されている「損失補塡等の禁止」に関する
次の記述のうち、適切なものをすべて選びなさい。
1）投資信託を販売した担当者Sの事務処理に誤りがあり、その誤りを
理由にAが保有する投資信託の損失をX銀行が補塡した場合、X銀
行は損失補塡の禁止の法令違反に問われる。
2）投資信託を販売する際に、将来本商品によりAに損失が生じた場合
はX銀行が損失を穴埋めすると約束して契約しても、実際に損害が
生じたときに補塡行為を行わなければ、法令違反に問われない。
3）投資信託を販売した担当者Sが、もし将来本商品に元本割れが生じ
るようなことがあればX銀行が損失を埋めると約束したが、実際に
は運用が順調に行き、期待以上の利益が出たために損失補塡の問題
が起きなくても、法令違反となる。

《問2》損失補塡等の禁止に関する以下の文章の空欄に入る語句として、
最も適切なものはどれか。

・銀行が投資信託を購入した顧客に対して（　　　）を行ったとして
も、いわゆる「損失補塡等の禁止」の規定に違反しない。

1）顧客の販売品の大量購入
2）顧客の大口預金への高率付利
3）銀行の定める手続・規程に則った融資の供与
4）顧客指定の第三者への金銭供与

● 解説と解答 ●

《問1》

1) 不適切である。顧客が金融機関の行職員の違法行為や事務処理の誤りなどによる証券事故によって損失を被った場合、損害賠償責任としてその損失を賠償しなければならないこととなるが、それは損失補塡ともなるものである（金融商品取引法39条1項2号、3号）。そのため、金融商品取引法では損失補塡禁止の適用除外を定めている（同条3項、金融商品取引業等に関する内閣府令118条）。ただし、そのためには、事務処理ミスであることが明らかな場合や、確定判決等に基づく場合等を除き（同内閣府令119条）、あらかじめ証券事故に基づく補塡であることの確認を金融庁長官から受けなければならない（金融商品取引法39条3項、194条の7第1項）。

2) 不適切である。損失補塡行為を行わなくても、損失補塡を行う約束をすること自体が法令違反であり、購入商品の損益の結果に影響されない（金融商品取引法39条1項1号）。

3) 適切である。損失補塡行為を行わなくても、損失補塡を行う約束をすること自体が法令違反となる（金融商品取引法39条1項1号）。

正解　3）

《問2》

損失補塡の手段は、金銭の供与に限らず経済的利益の供与を含むが、所定の手続・規程に則った融資取引を行うことは認められる。

正解　3）

6－14　証書貸付のメリット等

【問】次の事例に基づいて、下記の各問に答えなさい。

〈事例〉　X銀行は、A社から5,000万円の運転資金を短期の分割返済の方法に
よって融資するよう申込みを受けた。X銀行は当該申込みに応じる方針と
しているが、この融資を手形貸付とするか、証書貸付とするかを検討して
いる。

《問1》手形貸付と証書貸付の差異に関する次の記述のうち、適切なもの
をすべて選びなさい。

1）証書貸付は、手形貸付よりも迅速な訴訟制度を利用できるという利
点がある。

2）手形貸付は、手形を割引に出したり担保に入れたりすることによ
り、証書貸付よりも資金化が容易であるという利点がある。

3）手形貸付は、証書貸付よりも印紙税の負担が軽いという利点があ
る。

《問2》本事例において、X銀行は、A社に対して証書貸付の方法により
融資を行うこととした場合に関する以下の文章の空欄に入る語句の組合
せとして、最も適切なものはどれか。

・X銀行がA社に対して証書貸付の方法により融資を行う場合の取引
方法には、金銭消費貸借契約証書をA社とX銀行が連署する契約書
（相互調印）方式と、A社のみが金銭消費貸借契約証書に署名また
は記名押印して相手方に提出する（　①　）方式がある。契約書方
式と（①）方式とでは、法的効力に（　②　）。

1）①差入　　②違いがある

2）①覚書　　②違いはない

3）①差入　　②違いはない

4）①覚書　　②違いがある

・ 解説と解答 ・

《問1》

1）不適切である。証書貸付よりも手形貸付のほうが、迅速に権利の実現を図る手形訴訟制度を利用できるという利点がある。

2）適切である。

3）適切である。消費貸借契約証書の印紙税のほうが、約束手形の印紙税よりも一般的に高いので、手形貸付のほうが有利である。

正解　2）、3）

《問2》

　債務者であるA社が金銭消費貸借契約証書を差し入れる方式は、差入方式という。金銭消費貸借契約証書は、融資契約の成立およびその内容を証する証拠書類の意味を持つので、金銭消費貸借契約証書を差入方式とした場合も、それは双方の合意の内容を示すものであり、債権者であるX銀行はその内容に拘束され、契約書方式の場合と法的効力においては違いはない。

正解　3）

6−15 手形貸付における書替と旧手形の返還

【問】次の事例に基づいて、下記の各問に答えなさい。

〈事例〉X銀行Y支店は、取引先のA社から3,000万円の融資の申込みを受けた。3,000万円をA社に貸し出す方法につき、X銀行Y支店は手形貸付の方法によることを検討している。なお、A社の取締役Bを連帯保証人とする予定である。

《問1》 X銀行Y支店がA社に対して手形貸付を実行する場合に関する次の記述のうち、適切なものをすべて選びなさい。

1）X銀行Y支店がA社に対して手形貸付を実行する場合、A社から、貸出金額を額面金額として振り出した手形を差し入れてもらう方法により行う。

2）X銀行Y支店がA社に対して手形訴訟を提起した場合、原因債権の消滅時効の完成が猶予される。

3）Bが手形貸付の手形債務を保証した場合、X銀行Y支店のA社に対する金銭消費貸借契約上の債務の保証人にもなる。

《問2》本事例において、X銀行がA社に対して手形貸付を行い、Bが手形保証をしたのち、X銀行がA社から手形の書替と旧手形の返却を求められた場合に関する以下の文章の空欄に入る語句の組合せとして、最も適切なものはどれか。

・手形書替の法的性質を（ ① ）と解する場合には、旧手形と新手形との間の振出人の債務の同一性が否定されることになるため、X銀行はA社に旧手形を返還すべきで（ ② ）。

1）①支払の延長　　②ある

2）①支払の延長　　②ない

3）①更改　　　　　②ある

4）①更改　　　　　②ない

● 解説と解答 ●

《問1》

1) 適切である。手形貸付は、取引先から貸出金額を額面とする、銀行を受取人とした約束手形を振り出して差し入れてもらい、利息は別途支払ってもらった上で、その手形と引換えに金員を取引先に交付する融資方法である。

2) 適切である。手形訴訟の提訴により原因債権の消滅時効の完成が猶予されるので、時効は完成しない（民法改正前の時効の中断に関して、最判昭62.10.16民集41巻7号1497頁・金法1178号33頁）。

3) 不適切である。手形債務を保証した者は、手形債務のみを保証し、原因債権である金銭消費貸借契約上の債務は保証していないとするのが判例（最判昭52.11.15民集31巻6号900頁・金法844号45頁）である。

正解　1）、2）

《問2》

　手形書替の法的性質を更改と考えると、振出人（A社）の債務の要素が変更され、新債務が発生し、旧債務が消滅することになって債務の同一性がないとして、旧債務を保全していた保証や担保が付従性によって消滅してしまうことから、X銀行はA社に旧手形を返還すべきではないこととなる。

正解　4）

6−16　割引手形の買戻請求権と相殺の可否

【問】次の事例に基づいて、下記の各問に答えなさい。

〈事例〉X銀行は、A社に対して貸出金債権を有しており、A社もX銀行に
対して預金債権を有している。また、X銀行は、A社の依頼により商手割
引をしている。こうした状況下で、甲地方裁判所から、債権者をB、債務
者をAとする差押命令がX銀行に送達され、A社の預金債権が差し押さえ
られた。

《問1》 X銀行が預金債権と貸出金債権の相殺を検討する場合に関する次
　の記述のうち、適切なものをすべて選びなさい。
　1）預金債権および貸出金債権がともに差押え前に成立していたもので
　　あれば、預金債権の弁済期が貸出金債権の弁済期より後に到来する
　　場合でも相殺できる。
　2）X銀行が預金債権と貸出金債権を相殺することができる場合、民法
　　上、相殺の効力は、相殺実行日に生じることになる。
　3）Bが差し押さえた預金債権について転付命令を得て、それが確定し
　　た場合、X銀行は、Bに対して相殺の意思表示を行う必要がある。

《問2》本事例において、Bによる預金債権の差押え後に、X銀行がA社
　から割り引いていた手形の期日が到来し不渡となった場合の、X銀行に
　よる手形の買戻請求権と預金債権との相殺に関する以下の文章の空欄に
　入る語句の組合せとして、最も適切なものはどれか。

　　・手形の買戻請求権は、一定事実の発生、または形成権の行使によっ
　　て発生する（　①　）の権利であり、手形を割り引いたことを原因
　　として生じた請求権であることから、X銀行は差し押さえられた預
　　金債権と相殺することが（　②　）。

　1）①手形法上　　　②できる
　2）①手形法上　　　②できない
　3）①手形外　　　　②できる
　4）①手形外　　　　②できない

・解説と解答・

《問1》

1）適切である。民法511条1項後段において、差押えを受けた債権の第三債務者（X銀行）は、差押え前に取得した債権による相殺を差押債権者に対抗できるとされている。そのため、貸出金債権および預金債権の弁済期の前後によらず、預金債権、貸出金債権ともに差押え前に成立していたのであれば、相殺は可能であり、これをもって差押債権者に対抗できる。

2）不適切である。相殺の効力は、相殺適状に達した時に遡って生じる（民法506条2項）ので、相殺実行日に生ずるわけではない。ただし、銀行取引においては、銀行取引約定書の特約によって、利息等は相殺の計算実行の日まで計算するとしている。

3）適切である。預金（受働債権）がほかの債権者から差し押さえられ、転付命令がなされ、それが確定した場合（民事執行法159条5項）、転付命令によって、預金債権は法律上当然に債務者から転付債権者に移転することから（同法160条）、転付命令後に第三債務者（X銀行）が相殺するときは、転付債権者（B）に対して相殺の意思表示を行うことが必要となる。

正解　1）、3）

《問2》

　割引手形の買戻請求権は、銀行取引約定書の特約により発生する手形外の権利であり、手形法上の権利ではない。また、当該買戻請求権は手形を割り引いたことを原因として生じた請求権であり、Bの差押え前の原因に基づいて生じたものであることから、X銀行は、差し押さえられた預金債権と手形の買戻請求権とを相殺することができる（民法511条1項後段）。

正解　3）

6－17　詐害的な事業譲渡への対応

【問】次の事例に基づいて、下記の各問に答えなさい。

〈事例〉X銀行が貸出金債権を有しているA社が事業を停止し、B社がその事業を譲り受けた。A社の自社ビルについては、B社への所有権移転登記がなされており、A社の従業員もB社の従業員として働いている。

《問1》A社の事業譲渡に関する次の記述のうち、適切なものをすべて選びなさい。

1）A社がB社に事業を譲渡するにあたり、当該譲渡が事業の全部の譲渡に当たる場合には、A社の株主総会の承認が必要である。

2）A社がX銀行に対して負っている借入金債務は、B社が事業譲渡を受けると同時に、当然にB社に引き継がれる。

3）B社がA社の商号を引き続き使用する場合でも、B社が遅滞なくA社の債務を弁済する責任を負わない旨を登記した場合には、B社は、X銀行のA社に対する貸出金債権を返済する責任を負わない。

《問2》本事例において、当該事業譲渡に対処するために、X銀行が貸出金債権の回収を図るために取り得る措置に関する以下の文章の空欄に入る語句の組合せとして、最も適切なものはどれか。

・X銀行は、A社の自社ビルのB社への移転登記を（　①　）として取り消したり、A社について破産手続開始の申立てをし、破産管財人に事業譲渡の否認を要請することなどが考えられるが、A社がB社に承継されない債務の債権者を害することを知って事業を譲渡した場合には、X銀行は、（　②　）に対し、承継した財産の価額を限度として、貸出金債権の履行を請求することができる。

1）①通謀虚偽表示　　②A社
2）①詐害行為　　　　②A社
3）①通謀虚偽表示　　②B社
4）①詐害行為　　　　②B社

・解説と解答・

《問1》

1）適切である。A社の事業譲渡が、「事業の全部の譲渡」または「事業の重要な一部の譲渡（譲渡する資産の帳簿価額が、総資産額として法務省令で定める方法により算定される額の5分の1以下である場合を除く）」に該当する場合は、株主総会の決議（特別決議）が必要である（会社法309条2項11号、467条1項）。

2）不適切である。事業譲渡の場合は、債権債務は当然に譲受会社に移転せず、移転のためには個別の移転手続が必要であり、本問ではB社に債務引受をしてもらう必要がある。

3）適切である。事業譲渡において、譲受会社が、譲渡会社の商号を引き続き使用する場合には、譲受会社は、たとえ事業譲渡契約において債務の引受をしていなかったとしても、譲渡会社の事業によって生じた債務を弁済する責任を負う（会社法22条1項）が、事業を譲り受けた後、遅滞なく、譲受会社がその本店の所在地において譲渡会社の債務を弁済する責任を負わない旨を登記した場合には責任を負わない（同条2項）。

正解　1）、3）

《問2》

　事業譲渡においては、A社の債務は当然にはB社に引き継がれない。そのため、事業に含まれる資産のみをB社に移転し、債務はA社に残存させたままとすることも起こりうることである。その場合、債務の残存したA社にその債務の支払能力があれば問題はないものの、そうでなければ、その債権の引当となっているA社の資産が無くなり、残された債権者は債権の回収が不可能となる。そのため、債権者としては、民法上の権利として詐害行為取消権を検討することとなる。①には詐害行為が入る（民法424条1項）。また、譲渡会社が、譲受会社に承継されない債務の債権者（残存債権者）を害することを知って事業を譲渡した場合（詐害的譲渡）には、残存債権者は、譲受会社（本問の場合、B社）に対し、承継した財産の価額を限度として、当該債務の履行の請求をすることができる（会社法23条の2第1項）。したがって、②にはB社が入る。ただし、譲受会社（B社）が事業譲渡の効力が生じた時において、残存債権者を害することを知らなかったときは、X銀行はB社に対して請求することはできない（同項但書）。

正解　4）

6-18 消滅時効

【問】次の事例に基づいて、下記の各問に答えなさい。

〈事例〉X銀行は、Aに対して証書貸付による融資を実行し、その担保とし
て、Aの父Bの所有する自宅に抵当権を設定しているが、Aによる貸出金
の返済は延滞しており、延滞期間も長期化している。

《問1》 X銀行のAに対する貸出金債権の消滅時効に関する次の記述のう
ち、適切なものをすべて選びなさい。
1）貸出金の返済方法が分割弁済によることとされていた場合に、その
分割弁済金について、分割弁済の期日ごとにその翌日から消滅時効
期間が進行する。
2）X銀行が、B所有の不動産について抵当権に基づく競売を申し立て
た場合、執行裁判所に対する競売申立日にAに対する貸出金債権の
消滅時効が更新される。
3）当該貸出金債権について、期限の利益喪失後にBがAに代わって、
その貸出金残額の半額をX銀行に返済した場合、X銀行のAに対す
る貸出金債権残額について、消滅時効の完成が猶予される。

《問2》 本事例において、X銀行として、Aに対する貸出金債権の消滅時
効を更新するための措置に関する以下の文章の空欄に入る語句の組合せ
として、最も適切なものはどれか。

・消滅時効の更新の方法には、さまざまな方法があるが、（ ① ）
についてはAのなす行為である。また、AからX銀行に対して貸出
金の一部の弁済があれば、権利の承認として時効の更新が認めら
れ、利息の支払（ ② ）。

1）①仮処分　　②も権利の承認になる
2）①仮処分　　②は権利の承認にならない
3）①承認　　　②も権利の承認になる
4）①承認　　　②は権利の承認にならない

・解説と解答・

《問 1 》

1) 適切である。

2) 不適切である。債権者から物上保証人所有の不動産に係る担保不動産競売の申立てがされた場合、執行裁判所が競売開始決定をしたうえ、競売手続の利害関係人である債務者に対する通知方法として同決定正本を当該債務者に送達した時点で、民法154条により当該被担保債権の消滅時効の完成が猶予され、さらに競売手続が終了した時に時効が更新される（同法148条、154条）。

3) 不適切である。債務者による債務の弁済は、時効の完成猶予ではなく、権利の承認として時効の更新事由となるが（民法152条 1 項）、これは時効の利益を受ける当事者またはその代理人が行うことが必要である。B は物上保証人であって、弁済をするについて正当な利益を有する者ではあるものの、債務の消滅という時効の利益を受ける債務者自身でないことはもちろん、その代理人でもないことから、X 銀行の A に対する貸出金残額について、消滅時効の更新が生じるものではなく、また、当然のこととして、時効の完成猶予となるものでもない。

正解　 1 ）

《問 2 》

　「承認」は、債務者の行為による時効の更新事由であり（民法152条 1 項）、内入弁済や利息の支払も権利の承認になる。

正解　 3 ）

6−19　差押えと相殺

【問】次の事例に基づいて、下記の各問に答えなさい。

〈事例〉　X銀行は、取引先Aに対して貸出金債権を有しており、他方、Aは
　　X銀行に対して預金債権を有している。甲地方裁判所から、債権者をB、
　　債務者をAとする差押命令がX銀行に送達され、X銀行にあるAの預金が
　　差し押さえられたため、X銀行はAに対する貸出金債権と預金債権との相
　　殺を検討している。

《問1》差し押さえられた預金債権と貸出金債権との相殺に関する次の記
　述のうち、適切なものをすべて選びなさい。
　1）預金債権と貸出金債権は、いずれも金銭を目的とする債権であるの
　　で、同種の目的を有する債権であるといえる。
　2）差し押さえられた預金債権が普通預金であれば、X銀行は直ちに相
　　殺することができる。
　3）Bからの差押え後にAが破産した場合、X銀行が相殺をできる時期
　　については、原則として制限がない。

《問2》本事例において、X銀行による相殺に関する以下の文章の空欄に
　入る語句の組合せとして、最も適切なものはどれか。

　　・銀行実務では、銀行取引約定書において、自働債権である貸出金債
　　　権について支払の停止や債務者の破産等の一定の事由が生じたとき
　　　は、債務者が有する（　①　）を喪失する旨を約定し、相殺適状と
　　　なるための要件を緩和している。したがって、X銀行は、Aの預金
　　　の差押え後に、貸出金債権と預金債権とを相殺することが
　　　（　②　）。

　1）①利息請求権　　　②できる
　2）①期限の利益　　　②できる
　3）①期限の利益　　　②できない
　4）①利息請求権　　　②できない

・解説と解答・

《問1》

1）適切である。相殺を行うには、当事者間に同種の目的を有する債権の対立があることが必要であるが（民法505条1項）、預金債権も貸出金債権もいずれも金銭を目的とする債権であり、相殺に適している。

2）適切である。差押え後であっても、差押え前に取得した債権であるため相殺は可能である（民法511条1項後段）。また、受働債権である銀行の預金が期限の定めのないもの（普通預金）であるときは直ちに相殺できる。

3）適切である。自働債権の債務者が破産した場合であっても相殺は可能であり、相殺のできる時期についても、原則として制限はない（破産法67条1項）。

<u>正解　1）、2）、3）</u>

《問2》

　①には期限の利益が入る。自働債権の取得が差押え前であれば相殺権をもって対抗することができ、銀行取引約定書の期限の利益喪失の特約により弁済期を到来させて直ちに相殺をすることができるというのが、現在の判例理論であり（最判昭45.6.24民集24巻6号587頁・金法584号4頁）、債権法の改正により、条文上も明らかにされている（民法511条1項後段）。

<u>正解　2）</u>

6－20　担保解除と担保保存義務

【問】次の事例に基づいて、下記の各問に答えなさい。

〈事例〉X銀行は、A社所有の土地に加え、A社の代表取締役Bの自宅の土
地および建物に抵当権を設定するとともに、Bの友人Cを連帯保証人とし
て、A社に対して5,000万円の融資を行った。

《問1》X銀行がA社所有の土地に対する抵当権を解除しようとする場合
に関する次の記述のうち、適切なものをすべて選びなさい。

1）Bの自宅の土地および建物に十分な担保価値があった場合でも、X
銀行はCの承諾を得る必要がある。

2）X銀行の抵当権が設定されたBの自宅の土地および建物をDが取得
した後に、A社所有の土地に対する抵当権の解除を行う場合、X銀
行とBとの間に担保保存義務免除特約があっても、X銀行はDの承
諾を得る必要がある。

3）A社所有の土地に対する抵当権の解除がなされた後に、X銀行の抵
当権が設定されたBの自宅の土地および建物をDが取得した場合、
X銀行とBとの間に担保保存義務免除特約があれば、X銀行はDに
対して担保保存義務免除特約の効力を主張することができる。

《問2》連帯保証人による弁済に関する以下の文章の空欄に入る語句とし
て、最も適切なものはどれか。

・本事例における連帯保証人Cが、A社の残債務全額を弁済すると、
法律上当然に弁済による（　　　　）が生じる。

1）代理
2）代襲
3）代位
4）承継

・解説と解答・

《問1》

1）適切である。債権者は物上保証人や保証人等の代位権を有している者との関係では、担保保存義務を負っており、債権者であるＸ銀行が代位権者の承諾を得ないままに担保を解除すると、Ｃから担保保存義務違反を主張されて、その求償できなくなった部分について免責を主張される危険性があり（民法504条）、保証契約に際して担保保存義務の免除特約があったとしても、当該特約自体が万能というわけではないため、抵当権解除に際しては、個別に連帯保証人Ｃの承諾を得る必要がある。

2）適切である。物上保証人Ｂから担保物件である土地および建物を取得したＤに対して、Ｘ銀行とＢとの間の担保保存義務免除特約の効力を主張することができないおそれがあるため、Ｘ銀行がＤから、その担保解除によって求償できなくなった部分について免責を主張されないようにするため、Ａ社所有の土地に対する抵当権の解除を行う場合には、Ｄの承諾を得る必要がある。

3）適切である。Ｘ銀行がＡ社所有の土地の抵当権解除を行った時点で、担保保存義務免除特約によって、物上保証人Ｂは免責を主張できないことが確定する。したがって、その後に物上保証人Ｂから担保物件である土地および建物を取得したＤは、確定した責任（Ｂが免責を主張できないという意味で）の付いた土地および建物を取得したこととなるため、Ｘ銀行はＤに対して担保保存義務免除特約の効力を主張することができることとなる（最判平7.6.23民集49巻6号1737頁・金法1427号31頁）。

正解　1）、2）、3）

《問2》

民法499条で、正当な利益の有無にかかわらず第三者が弁済した場合には、代位が生じることとされ、ただ、同法500条では、弁済をするについて正当な利益を有する者は、弁済によって法律上当然に債権者に代位することを前提として、同法467条の債権譲渡の対抗要件の具備は不要とされている。弁済をするについて正当な利益を有する者の例としては、保証人、物上保証人、抵当不動産の第三取得者等がある。

正解　3）

6－21　被担保債権の範囲の定め方等

【問】次の事例に基づいて、下記の各問に答えなさい。

〈事例〉 X銀行は取引先のA社から、今後の事業展開に応じて随時借入れが
できるようにしたいとの申出を受け、A社所有の土地に根抵当権（極度額
1億円）を設定した。

《問1》 X銀行は、本事例における根抵当権の被担保債権の範囲の定め方
に関して次の記述のように考えたが、次の記述のうち適切なものをすべ
て選びなさい。

1) 被担保債権の範囲を「銀行取引によるいっさいの債権」としておけ
ば、証書貸付だけでなく、手形貸付やいわゆる回り手形により取得
した手形債権も担保される。

2) 被担保債権の範囲を「銀行取引によるいっさいの債権」としておけ
ば、X銀行のB社に対する貸出金債権をA社が保証した場合の保証
債権も担保される。

3) 被担保債権の範囲を「銀行取引によるいっさいの債権」としておけ
ば、X銀行のB社に対する手形貸付について、A社が手形保証した
場合に発生する手形保証債権も担保される。

《問2》根抵当権の変更に関する以下の文章の空欄に入る語句として、最
も適切なものはどれか。

・根抵当権の（　　）は、元本確定の前後を問わず行うことができ
る。

1) 被担保債権の範囲の変更
2) 債務者の変更
3) 極度額の変更
4) 確定期日の変更

・解説と解答・

《問 1 》

1 ）不適切である。根抵当権の被担保債権の定め方としては、①特定の継続的取引契約によって生じる債権に限定して定める（民法398条の 2 第 2 項）、②一定の種類の取引によって生じる債権に限定して定める（同項）、③特定の原因に基づいて継続して生じる債権（同条 3 項）、④手形上もしくは小切手上の請求権または電子記録債権（同項）、の 4 つの方法がある。「銀行取引によるいっさいの債権」という被担保債権の定め方は、上記②の定め方によるものである。一方、回り手形により取得した手形債権は、銀行と債務者間との銀行取引によって銀行が取得した債権ではないことから、本事例のような②の定め方によっては担保されず、上記④の定め方により担保されるものである。

2 ）適切である。銀行が根抵当権設定者と保証契約を締結することも、銀行取引に含まれる。そのため、根抵当権設定者に対する保証債権も、前記②の被担保債権の範囲の定め方をした根抵当権で担保される。

3 ）不適切である。手形保証は、保証人が手形上に保証人として署名することで発生するものであり、手形上の請求権ではあるものの、銀行との取引によって生じた債権ではないので、前記②の被担保債権の範囲の定め方をした根抵当権では担保されない。

正解　2 ）

《問 2 》

　根抵当権の元本確定前には、根抵当権の被担保債権の範囲および債務者の変更（民法398条の 4 第 1 項）、確定期日の変更（同法398条の 6 第 1 項、 4 項）ができる。また、極度額の変更は、確定の前後を問わず、利害関係人の承諾があれば変更することができる（同法398条の 5 ）。

正解　3 ）

6−22　債務者兼根抵当権設定者の死亡と債務の帰趨

【問】次の事例に基づいて、下記の各問に答えなさい。

〈事例〉　Aは妻Bと子Cとで、個人事業として自宅でベーカリーを経営していた。X銀行はAに開業資金1,000万円を貸し出すにあたり、A所有の自宅の甲土地と乙建物に極度額3,000万円の根抵当権を設定していたところ、Aが死亡した。Aには、相続人として、妻B、子Cおよび子Dがいる。

《問1》　Aが死亡時に負担していた債務の取扱いに関する次の記述のうち、適切なものをすべて選びなさい。

1）Aが死亡した際に負担していた債務は、B、CおよびDに法定相続分に従って分割承継される。

2）Dが相続放棄すると、Dは債務を承継しないこととなる。

3）B、CおよびDの協議で、Cが根抵当権の設定されている甲土地および乙建物を取得すると、CがA死亡時点の残債務を当然に承継する。

《問2》　債務者兼根抵当権設定者であるAの死亡後の手続に関する以下の文章の空欄に入る語句として、最も適切なものはどれか。

・Aが死亡した場合に、相続人がX銀行との根抵当取引を継続するには、根抵当権の設定された甲土地および乙建物を相続した者とX銀行との間で、根抵当取引の継続および債務者の地位を承継する相続人を定める合意をしたうえ、（　　　）から6カ月以内に当該合意の登記をする必要がある。

1）相続開始の時

2）遺産分割協議が完了した時

3）根抵当権の対象物件の相続登記をした時

4）合意の時

・解説と解答・

《問1》

1）適切である。Aが死亡時に負っていた債務は、被相続人の死亡により、各相続人に法定相続分により分割承継される（民法899条）。

2）適切である。相続放棄をした者は、当該相続に関しては、初めから相続人とならなかったものとみなされるため（民法939条）、Dは債務を承継しない。

3）不適切である。Aの所有していた土地および建物は、遺産分割の対象として、相続人であるB、CおよびDの協議により誰が相続するのかを自由に決めることができる。しかし、Aが死亡時に負っていた債務は、被相続人の死亡により、各相続人に法定相続分により分割承継され、遺産分割の対象とはならないため、Cが土地および建物を取得することとなっても、当然にCが残債務全部を承継することとはならない。

正解　1）、2）

《問2》

　相続人が根抵当取引を継続するには、まず、①根抵当権の設定された甲土地および乙建物について、それを相続した者へ所有権移転登記を行う必要がある。そして、②相続人全員が法定相続分に従って債務者となることから、債務者の変更を生じることとなり、当該債務者の変更登記を根抵当権者と、前記①によって当該土地および建物の所有者となった相続人、すなわち根抵当権設定者となった者との共同申請で行う必要がある。また、③X銀行と、当該土地および建物の所有者となった相続人、すなわち根抵当権設定者とで、新たに被担保債務の債務者となる相続人を定める合意をし、その旨の登記をする必要がある。これらの手続を同時に行ってもよいが、相続開始の時から6カ月以内に行う必要がある（民法398条の8第4項）。

正解　1）

6-23 個人貸金等根保証契約

【問】次の事例に基づいて、下記の各問に答えなさい。

〈事例〉 A社がX銀行から事業資金として1,000万円を借り入れるに際して、X銀行から代表取締役Bの個人根保証を付けるよう要請された。

《問1》本事例における個人根保証に関する次の記述のうち、適切なものをすべて選びなさい。

1）個人根保証契約においては極度額を定める必要があり、当該極度額は、主たる債務の元本、利息、違約金、損害賠償額等について、その全部に係る極度額とする必要がある。

2）個人貸金等根保証契約においては必ずしも元本確定期日を定める必要はないが、元本確定期日を定めない場合には、個人貸金等根保証契約締結の日から3年で元本は確定することとなる。

3）個人貸金等根保証契約の主たる債務者または保証人が破産手続開始決定を受けると、主たる債務の元本は確定する。

《問2》個人貸金等根保証契約に関する以下の文章の空欄に入る語句として、最も適切なものはどれか。

・個人貸金等根保証契約とは、一定の範囲に属する不特定の債務を主たる債務とする保証契約であって、その債務の範囲に金銭の貸渡しまたは（　　　）が含まれるもの（保証人が法人であるものを除く）をいう。

1）手形保証による債務
2）買掛債務
3）賃料債務
4）手形割引による債務

・解説と解答・

《問 1 》

1) 適切である。本事例における根保証契約は、債務の範囲に金銭の貸渡しによって負担する債務を含み、また、保証人が B 個人であることから、個人貸金等根保証契約に該当することとなる。個人貸金等根保証契約は個人根保証契約の一類型であり、個人根保証契約においては、極度額を定めないと無効とされ（民法465条の 2 第 2 項）、当該極度額は、主たる債務の元本、利息、違約金、損害賠償額等についてその全部に係る極度額とする必要があるとされている（同条 1 項）。

2) 適切である。個人貸金等根保証契約において、元本確定期日を定める場合は 5 年以内とされ（民法465条の 3 第 1 項）、元本確定期日を定めない場合は個人貸金等根保証契約締結の日から 3 年後に元本が確定するとされている（同条 2 項）。

3) 適切である。個人貸金等根保証契約の元本確定事由は法定されており、確定期日到来のほか、①債権者が、主たる債務者または保証人の財産について、金銭債権による強制執行または担保権実行を申し立て、その手続が開始されたとき、②主たる債務者または保証人が破産手続開始の決定を受けたとき、③主たる債務者または保証人が死亡したときが確定事由として挙げられている（民法465条の 4 第 1 項、 2 項）。

正解　 1)、 2)、 3)

《問 2 》

　個人貸金等根保証契約とは、個人根保証契約として一定の範囲に属する不特定の債務を主たる債務とする保証契約であって、その債務の範囲に金銭の貸渡しまたは手形割引による債務が含まれているもの（保証人が法人であるものを除く）をいうとされている（民法465条の 3 第 1 項）。

正解　 4)

6-24　保証人の死亡と相続人の保証債務履行義務の範囲

【問】次の事例に基づいて、下記の各問に答えなさい。

〈事例〉X銀行の融資取引先であるA社の代表取締役Bが死亡したが、X銀行とBとの間には、A社への融資取引にあたって根保証契約（極度額5,000万円）が締結されていた。

《問1》Bが死亡した時点ではA社の債務が2,000万円残っており、さらにX銀行はB死亡後に1,000万円をA社に貸し出していた。また、X銀行で相続人を調査したところ、Bの相続人として、妻C、Bの兄Dおよび兄Eがいることが判明した。X銀行において債権回収を図る必要が生じた場合、当該債権回収に関する次の記述のうち、適切なものをすべて選びなさい。

1）X銀行は、C、D、Eそれぞれに3,000万円を請求することができる。

2）X銀行は、Cに1,500万円、DおよびEに各250万円を請求することができる。

3）X銀行は、C、D、Eそれぞれに2,000万円を請求することができる。

《問2》個人貸金等根保証契約の主たる債務の元本の確定に関する以下の文章の空欄に入る語句として、最も適切なものはどれか。

・個人貸金等根保証契約は、（　　　　）により主たる債務の元本が確定する。

1）債権者の合併

2）主たる債務者の死亡

3）債権者の破産手続開始決定

4）債権者の死亡

・解説と解答・

《問1》

1）不適切である。本事例におけるＸ銀行とＢとの間の根保証契約は、個人貸金等根保証契約に該当することから（民法465条の2第1項、465条の3第1項）、根保証人であるＢの死亡によって、当該根保証契約における主たる債務の元本は確定することとなる（同法465条の4第1項3号）。そのため、Ｂの死亡後すなわち元本の確定後にＡ社に融資された1,000万円については、保証の対象とならない。したがって、根保証人Ｂの死亡時である元本の確定時に残存していた2,000万円が保証の対象となり、当該2,000万円の保証債務は、法定相続分に応じてＢの相続人に相続されることとなる。本問では、相続人は妻Ｃ、兄Ｄおよび兄Ｅであることから、その法定相続分はそれぞれ4分の3、8分の1、8分の1であり（民法900条3号、4号）、前記2,000万円の保証債務について妻Ｃが1,500万円、兄Ｄおよび兄Ｅが各250万円を相続することとなる。

2）適切である。1）を参照。

3）不適切である。1）を参照。

正解　2）

《問2》

　個人貸金等根保証契約における主たる債務の元本の確定事由は、①債権者による主たる債務者または保証人の財産に対する金銭債権による強制執行または担保権の実行の申立て（ただし、手続の開始があったときに限る）、②主たる債務者または保証人についての破産手続開始決定、③主たる債務者または保証人の死亡である（民法465条の4第1項、2項）。

正解　2）

6−25　保証協会による代位弁済と根抵当権の確定事由

【問】次の事例に基づいて、下記の各問に答えなさい。

〈事例〉X銀行Y支店は、A社との間でA社所有の甲土地に根抵当権を設定して融資取引を行っており、既存の融資金が完済されてしばらくしたところで、A社から新たに1,000万円の融資の申出があり、当該融資については Y 信用保証協会（以下、「Y協会」という）の保証付きで融資を行った。

《問１》本事例において、A社の弁済が滞ったことによりY協会が代位弁済を行うこととなった場合に関する次の記述のうち、適切なものをすべて選びなさい。

1）X銀行は、Y協会から代位弁済を受けた際には根抵当権をY協会に移転することができるよう、根抵当権の担保すべき元本を確定させておく必要がある。

2）A社が破産手続開始決定を受けた場合、X銀行は、Y協会から代位弁済を受けた際に根抵当権をY協会に移転することができるよう、代位弁済を受ける前に、元本確定の登記を行っておく必要がある。

3）A社がX銀行に対する期限の利益を喪失していた場合でも、X銀行はY協会に対して、A社に対する貸付利率の範囲でしか延滞利息を請求することができない。

《問２》Y協会の代位弁済と根抵当権に関する以下の文章の空欄に入る語句として、最も適切なものはどれか。

　・根抵当権の被担保債権の元本の確定前においては、債権に対する（　　）がないことから、元本確定前にY協会がA社のX銀行に対する債務を代位弁済しても、根抵当権はY協会に移転しない。

1）随伴性
2）不可分性
3）物上代位性
4）附従性

・解説と解答・

《問 1 》

1 ）適切である。元本確定前に根抵当権者からその被担保債権を取得した者
　は、当該債権について根抵当権を行使することができない（民法398条の
　7 第 1 項）ため、Y協会から代位弁済を受けるためには、事前に根抵当権
　の元本を確定させておく必要がある。

2 ）適切である。債務者あるいは根抵当権設定者が破産手続開始決定を受ける
　と元本が確定するが（民法398条の20第 1 項 4 号）、登記上、元本確定後の
　代位弁済であることが明らかであることが必要となるところ、破産法で
　は、法人が所有する不動産については、裁判所の職権による嘱託登記がな
　されない（同法258条は、個人についてのみ嘱託登記を定めている）。した
　がって、法人所有の不動産に根抵当権を設定している場合には、事前に元
　本確定の登記が必要となる。

3 ）適切である。信用保証協会との保証契約約定においては、保証債務の履行
　範囲について、主たる債務に利息および最終履行期限後から一定の期間内
　の延滞利息を加えた額を限度とするとしたうえで、その延滞利息は、「貸
　付利率と同率とする」と定められている（信用保証協会保証契約の約定書
　例 6 条 2 項、 3 項）。

正解　 1 ）、 2 ）、 3 ）

《問 2 》

　根抵当権は、一定の範囲に属する不特定の債権を極度額の範囲で担保するこ
とから、抵当権と異なり随伴性がなく、個々の債権が譲渡されてもそれに伴っ
て移転するものではない（民法398条の 7 第 1 項）。

正解　 1 ）

6－26　再生計画の認可と保証人等に対する請求

【問】次の事例に基づいて、下記の各問に答えなさい。

〈事例〉　A社が民事再生手続開始決定を受け、その後、債権者集会において
　再生計画案（再生債権の9割免除、残額を3年間で分割弁済）が議決さ
　れ、裁判所から再生計画認可決定が下され、確定した。

《問1》再生計画案の確定により、債権者にどのような影響があるかに関
　する次の記述のうち、適切なものをすべて選びなさい。

　1）X銀行が、A社の代表取締役Bを連帯保証人としてA社に対して
　　　1,000万円の貸出金債権を有していた場合、X銀行はBに対して
　　　1,000万円全額を請求することができる。

　2）Y銀行が、A社に対する貸出金債権の担保として、A社所有の土地
　　　に抵当権を有していた場合、Y銀行は、再生手続によらず、当該抵
　　　当権を別除権として実行することによって優先的に弁済を受けるこ
　　　とができる。

　3）Z銀行がA社に対して有していた200万円の貸出金債権は、再生債
　　　権として、再生計画案に従った弁済を受けることになる。

《問2》民事再生手続の対象に関する以下の文章の空欄に入る語句として、
　最も適切なものはどれか。

　　　・民事再生手続は、（　　　　）が対象となる。

　1）株式会社だけ
　2）株式会社と自然人だけ
　3）公益法人を除く法人と自然人
　4）公益法人を含むすべての法人と自然人

・解説と解答・

《問1》

1）適切である。保証人は、主たる債務者が倒産等して支払えなくなった場合に備えてその支払を担保するものであるので、再生計画が認可されても、保証債務の付従性の例外として、再生計画の効力は保証人であるBには及ばない（民事再生法177条2項）。それゆえ、X銀行はBに対して、1,000万円の支払を請求することができる。

2）適切である（民事再生法53条、177条2項）。

3）適切である。貸出金債権は再生債権となり、再生手続開始後は、原則として再生計画の定めるところに従って弁済がなされ、また債権者は弁済を受けることとなる（民事再生法85条1項）。

正解　1）、2）、3）

《問2》

　民事再生手続は、公益法人を含むすべての法人と自然人が対象となる（民事再生法4条）。

正解　4）

6 −27　破産財団からの財産放棄・手続廃止と放棄財産の管理処分権

【問】次の事例に基づいて、下記の各問に答えなさい。

〈事例〉　X銀行の融資先である株式会社A社と、A社の代表取締役Bが破産
　手続開始決定を受け、A社およびBの破産管財人としてY弁護士が選任さ
　れた。X銀行はA社への融資の担保として、A社所有の甲土地およびB所
　有の乙マンションに抵当権を設定している。

《問1》破産手続における甲土地および乙マンションに関する次の記述の
　うち、適切なものをすべて選びなさい。

1 ）甲土地および乙マンションの管理処分権は、それぞれ破産管財人Y
　に帰属する。

2 ）破産管財人Yが、甲土地を破産財団から放棄した場合、甲土地の管
　理処分権は、A社の代表取締役であったBに当然に帰属する。

3 ）破産管財人Yが、乙マンションを破産財団から放棄した後、Bの破産
　手続が廃止となった場合、X銀行はBと交渉してBに乙マンション
　を任意売却させたうえ、その売却代金から債権の回収を図ることが
　できる。

《問2》破産手続開始決定に関する以下の文章の空欄に入る語句として、
　最も適切なものはどれか。

　　　・破産手続開始決定の効力は、（　　　　）から生じる。

1 ）破産手続開始決定の確定の時
2 ）破産手続開始決定が破産者に到達した時
3 ）破産手続開始決定の時
4 ）破産手続開始の申立ての時

・解説と解答・

《問 1 》

1 ）適切である。破産手続開始決定により、破産者が有していたすべての財産は原則として破産財団に帰属し（破産法34条 1 項）、管理処分権は裁判所が選任した破産管財人に専属する（同法78条 1 項）。

2 ）不適切である。株式会社は、破産手続開始決定を受けると解散することとなり（会社法471条 5 号）、破産管財人が破産財団に属する不動産を放棄すると、それは清算法人に帰属することとなる。一方、株式会社と取締役とは委任関係であることから（同法330条）、いずれかが破産手続開始決定を受けると委任関係が当然に終了する（民法653条 2 号）ため、清算法人を代表する者がいないこととなり、利害関係人が新たに清算人を選任して管理することとなる（会社法478条 2 項）。

3 ）適切である。破産管財人が破産財団に属する個人の不動産を放棄すると、個人（本事例においてはB）の自由財産に属するものとして、Bの管理処分権に服することとなる。したがって、実務上、X銀行は抵当権を実行するよりは、Bと交渉して、Bに乙マンションを任意売却させたうえ、その売却代金から債権の回収を図るほうがより多くの回収を期待できることとなる。

正解　1 ）、3 ）

《問 2 》

破産手続開始決定の効力は、破産手続開始決定の時から生じる（破産法30条 2 項）。決定の確定までその効力が生じないとすると、その間に破産者の財産が散逸するおそれがあるからである。

正解　3 ）

6-28　法的整理手続における相殺権行使

【問】次の事例に基づいて、下記の各問に答えなさい。

〈事例〉　AはX銀行からカードローンで借入れを行っていたが、ローン残高
が300万円となったところで破産手続開始決定を受けた。AはX銀行に30
万円の預金がある。

《問1》　X銀行が、Aに対する貸出金債権とAの有する預金債権とを相殺
する場合に関する次の記述のうち、適切なものをすべて選びなさい。

1）X銀行は、破産手続開始決定後でも、貸出金債権と預金債権とを相
殺することができる。

2）X銀行は、破産手続開始決定後の貸出利息および損害金も含めて相
殺の対象とすることができる。

3）X銀行が相殺の意思表示を行う場合、相手方は破産管財人となる。

《問2》　破産手続における債権の取扱いに関する以下の文章の空欄に入る
語句として、最も適切なものはどれか。

・X銀行のAに対する貸出金債権の破産手続開始決定後の利息および
損害金は、（　　　）となる。

1）優先的破産債権

2）一般破産債権

3）劣後的破産債権

4）財団債権

・解説と解答・

《問1》

1）適切である。X銀行が破産者Aに対して有する貸出金債権は破産債権となるが（破産法2条5項）、Aの破産手続開始時においてAに対して債務（AがX銀行に対して有する預金債権）を負っているので、破産手続によらないで相殺することができる（同法67条1項）。

2）不適切である。破産手続開始決定後の利息および損害金は劣後的破産債権となることから（破産法97条1号、2号、99条1項1号）、相殺に供することは許されないと解されている。

3）適切である。破産手続が開始されると、破産財団の管理処分権は裁判所が選任した破産管財人に専属するため（破産法78条1項）、相殺の意思表示の相手方は破産管財人となる。

正解　1）、3）

《問2》

　破産手続開始決定後の利息および損害金は、劣後的破産債権となる（破産法97条1号、2号、99条1項1号）。

正解　3）

2024年度 金融業務能力検定

等級	試験種目		受験予約開始日	配信開始日（通年実施）	受験手数料（税込）
IV	金融業務4級 実務コース		受付中	配信中	4,400 円
III	金融業務3級 預金コース		受付中	配信中	5,500 円
	金融業務3級 融資コース		受付中	配信中	5,500 円
	金融業務3級 法務コース		受付中	配信中	5,500 円
	金融業務3級 財務コース		受付中	配信中	5,500 円
	金融業務3級 税務コース		受付中	配信中	5,500 円
	金融業務3級 事業性評価コース		受付中	配信中	5,500 円
	金融業務3級 事業承継・M＆Aコース		受付中	配信中	5,500 円
	金融業務3級 リース取引コース		受付中	配信中	5,500 円
	金融業務3級 DX（デジタルトランスフォーメーション）コース		受付中	配信中	5,500 円
	金融業務3級 シニアライフ・相続コース		受付中	配信中	5,500 円
	金融業務3級 個人型DC（iDeCo）コース		受付中	配信中	5,500 円
	金融業務3級 シニア対応銀行実務コース		受付中	配信中	5,500 円
	金融業務3級 顧客本位の業務運営コース		－	上期配信	5,500 円
II	金融業務2級 預金コース		受付中	配信中	7,700 円
	金融業務2級 融資コース		受付中	配信中	7,700 円
	金融業務2級 法務コース		受付中	配信中	7,700 円
	金融業務2級 財務コース		受付中	配信中	7,700 円
	金融業務2級 税務コース		受付中	配信中	7,700 円
	金融業務2級 事業再生コース		受付中	配信中	11,000 円
	金融業務2級 事業承継・M＆Aコース		受付中	配信中	7,700 円
	金融業務2級 資産承継コース		受付中	配信中	7,700 円
	金融業務2級 ポートフォリオ・コンサルティングコース		受付中	配信中	7,700 円
	DCプランナー2級		受付中	配信中	7,700 円
I	DCプランナー1級（※）	A分野（年金・退職給付制度等）	受付中	配信中	5,500 円
		B分野（確定拠出年金制度）	受付中	配信中	5,500 円
		C分野（老後資産形成マネジメント）	受付中	配信中	5,500 円
－	コンプライアンス・オフィサー・銀行コース		受付中	配信中	5,500 円
	コンプライアンス・オフィサー・生命保険コース		受付中	配信中	5,500 円
	個人情報保護オフィサー・銀行コース		受付中	配信中	5,500 円
	個人情報保護オフィサー・生命保険コース		受付中	配信中	5,500 円
	マイナンバー保護オフィサー		受付中	配信中	5,500 円
	AML／CFTスタンダードコース		受付中	配信中	5,500 円

※ DCプランナー1級は、A分野・B分野・C分野の3つの試験すべてに合格した時点で、DCプランナー1級の合格者となります。

2024年度 サステナビリティ検定

等級	試験種目	受験予約 開始日	配信開始日 （通年実施）	受験手数料 （税込）
－	SDGs・ESGベーシック	受付中	配信中	4,400 円
－	サステナビリティ・オフィサー	受付中	配信中	6,050 円

2024年度版
金融業務2級　法務コース試験問題集

2024年3月13日　第1刷発行

　　　　　　　　編　者　一般社団法人　金融財政事情研究会
　　　　　　　　　　　　　　　　　　　　検定センター
　　　　　　　　発行者　　　　　　　　　加藤　一浩

　　　〒160-8519　東京都新宿区南元町19
　　　発　行　所　一般社団法人　金融財政事情研究会
　　　販　売　受　付　TEL 03(3358)2891　FAX 03(3358)0037
　　　　　　　　URL https://www.kinzai.jp

本書の内容に関するお問合せは、書籍名およびご連絡先を明記のう
え、FAXでお願いいたします。　お問合せ先　FAX 03(3359)3343
本書に訂正等がある場合には、下記ウェブサイトに掲載いたします。
https://www.kinzai.jp/seigo/